ERA UMA VEZ UM SEGREDO

FONTANAR

MIMI ALFORD

ERA UMA VEZ UM SEGREDO

Meu caso com o presidente John F. Kennedy

Tradução
Cristina Paixão Lopes

FONTANAR

Editora Objetiva Ltda.
Rua Cosme Velho, 103
Rio de Janeiro – RJ – Cep: 22241-090
Tel.: (21) 2199-7824 – Fax: (21) 2199-7825
www.objetiva.com.br

Título original
Once Upon a Secret

Capa
Adaptação de Pronto Design sobre design original

Imagens de capa
Bettmann/Latinstock/Corbis

Revisão
Raquel Correa
Lilia Zanetti
Cristiane Pacanowski

Editoração eletrônica
Abreu's System Ltda.

PRISA EDIÇÕES

CIP-BRASIL. CATALOGAÇÃO-NA-FONTE
SINDICATO NACIONAL DOS EDITORES DE LIVROS, RJ

A379e

Alford, Mimi
Era uma vez um segredo: meu caso com o presidente John F. Kennedy / Mimi Alford ; tradução Cristina Paixão Lopes. – Rio de Janeiro: Objetiva, 2013.

Tradução de: *Once upon a secret*
220p. ISBN 978-85-390-0446-1

1. Alford, Mimi. 2. Kennedy, John F. (John Fitzgerald), 1917-1963. – Relações com mulheres. 3. Presidentes – Estados Unidos – Biografia. 4. Amantes (Mulheres) – Estados Unidos – Biografia. 5. Estados Unidos – Política e governo – 1961-1963. I. Título.

13-0028.
CDD: 973.922
CDU: 929:32(73)

Capítulo Um

Todo mundo tem um segredo. Este é o meu.

No verão de 1962, eu tinha 19 anos e trabalhava como estagiária no gabinete de imprensa da Casa Branca. Durante esse verão e por mais um ano e meio, até sua trágica morte em novembro de 1963, tive um relacionamento íntimo e duradouro com o presidente John F. Kennedy.

Guardei esse segredo com disciplina quase religiosa por mais de quarenta anos, confiando apenas em um pequeno grupo de pessoas, entre as quais estava o meu primeiro marido. Nunca contei a meus pais, nem a meus filhos. Achei que permaneceria meu segredo até a morte.

Não foi o que aconteceu.

Em maio de 2003, o historiador Robert Dallek publicou *An Unfinished Life: John F. Kennedy 1917-1963* (Uma vida inacabada: John F. Kennedy 1917-1963). Enterrada em um parágrafo, na página 476, havia a transcrição de uma passagem de um relato originalmente com 18 páginas feito em 1964 por uma ex-assistente da Casa Branca, Barbara Gamarekian. O relato tornou-se público recentemente, assim como outros documentos há muito confidenciais, na Biblioteca Presidencial JFK, em Boston. Dallek havia se apoderado de um trechinho particularmente suculento. Ele dizia:

> *As conquistas de Kennedy sempre tinham sido, é claro, uma forma de divertimento, mas agora lhe davam um alívio das enormes tensões diárias. Kennedy tinha casos com diversas mulheres, incluindo Pamela Turnure, a assessora de imprensa de Jackie; Mary Pinchot Meyer, a cunhada de Ben Bradlee; duas secretárias da Casa Branca, apelidadas comicamente de Fiddle e Faddle;* Judith Campbell Exner, cujas ligações com figuras da máfia, como Sam Giancana, tornaram-na objeto de investigação do FBI; e uma "alta, esbelta e linda" universitária de 19 anos, estagiária da Casa Branca, que trabalhou no gabinete de imprensa por dois verões. (Ela "não tinha habilidades", lembra-se um dos funcionários da imprensa. "Ela não sabia datilografar.")*

Quando o livro de Dallek saiu, eu não fiquei sabendo. As biografias de JFK representam, claro, um sólido filão editorial e todos os anos aparecem um ou dois novos livros; eles criam um alvoroço e logo desaparecem. Eu tentava ao máximo não prestar atenção. Recusava-me a comprar qualquer um deles, mas isso não significava que de vez em quando eu não fosse às livrarias de Manhattan, onde vivia, para ler pequenos trechos que cobriam os anos em que estive na Casa Branca. Parte de mim ficava fascinada por eu ter estado lá, e era divertido revi-

---

* *Fiddle-faddle* significa, em inglês, bobagem, tolice. (N. da T.)

ver essa parte de minha vida. Outra parte de mim ficava ansiosa por saber se meu segredo ainda estava seguro.

A publicação do livro de Dallek podia estar fora do meu radar, mas definitivamente não passou despercebida aos olhos da mídia. O escândalo Monica Lewinsky, que quase derrubara a administração Clinton cinco anos antes, tinha estimulado o interesse do público por detalhes obscenos da vida sexual de nossos líderes, e a menção de Dallek a uma anônima "estagiária da Casa Branca" atiçou o *Daily News* de Nova York. Aparentemente esta era uma "grande história". Uma equipe de reportagem especial foi rapidamente montada para identificar e localizar a tal mulher misteriosa.

Na noite de 12 de maio, eu estava passando pela banca de jornal do meu bairro em Manhattan quando notei que a primeira página do *Daily News* trazia uma fotografia de página inteira do presidente Kennedy. Como eu já estava atrasada para minha aula de ioga, não prestei muita atenção à manchete, que, de qualquer modo, estava parcialmente ocultada pela pilha de jornais. Ou talvez eu não tenha querido ver. Eu estava bem consciente de que tabloides como o *Daily News* tendiam a focar na vida pessoal e nos escândalos que envolviam JFK. Essas histórias sempre me deixavam desconfortável. Elas me lembravam de que eu não era assim tão especial no que dizia respeito ao histórico do presidente Kennedy com as mulheres, sempre havia outras. Por isso deixei passar, tirando aquela imagem da minha cabeça. Guardar um segredo por 41 anos nos força a negar aspectos da nossa própria vida. Exige que isolemos fatos dolorosos e inconvenientes — e que os coloquemos em quarentena. A essa altura eu tinha aprendido a fazer isso muito bem.

O que deixei escapar na minha pressa para chegar à ioga foi a manchete completa, abaixo da foto: "JFK tinha uma Monica: historiador diz que Kennedy manteve caso com uma estagiária da Casa Branca de apenas 19 anos." Dentro do periódico havia uma matéria, que partia do que estava no livro de Dallek e apresentava uma nova entrevista com Barbara Gamarekian, que disse só conseguir se lembrar do primeiro nome da estagiária, mas se recusava a revelá-lo. Sua recusa, claro, só incitou a equipe do *Daily News* a cavar mais fundo.

Na manhã seguinte, às nove horas, cheguei ao meu escritório na Igreja Presbiteriana da Quinta Avenida, como de costume. Pendurei meu casaco, como de costume. Tomei meu primeiro gole de café do *C'est Bon Café*, como de costume. E então me sentei e chequei meus e-mails. Um amigo tinha me enviado uma mensagem que continha um link para uma matéria do *Daily News*. Cliquei nele, sem saber do que se tratava. A história tinha o seguinte título: "Diversão e jogos com Mimi na Casa Branca." Ele o havia enviado, disse, por causa da "engraçada coincidência" dos nossos nomes.

Pela primeira vez na vida, entendi o que a expressão "ficar sem fôlego" queria dizer. Fiquei gelada. Corri para fechar a porta e examinei cuidadosamente o artigo. Embora meu sobrenome à época — Fahnestock — não fosse mencionado, tive uma sensação peculiar de pavor, sentia como se tudo estivesse a ponto de mudar. Era o momento que eu havia temido durante toda a minha vida adulta.

Tentei não entrar em pânico. Respirei fundo e conferi mentalmente tudo o que *não estava* no artigo. O *Daily News* não sabia onde eu morava. Eles não tinham contatado nenhum dos meus amigos. Não tinham chegado a pessoas do período em que eu estive na Casa Branca. Não tinham minha fotografia. Se eles soubessem mais alguma coisa sobre mim teriam publicado, não é? E certamente teriam me caçado para fazer algum comentário.

Nada disso tinha acontecido.

Além disso, eu já havia escapado por pouco em outra ocasião. Um ano antes, a escritora Sally Bedell Smith telefonara para minha casa. Disse que estava preparando um livro sobre como as mulheres eram tratadas nos anos 1960 em Washington. Parecia um contato inocente, mas foi o suficiente para me colocar em alerta total, e suspeitei de um propósito um tanto diferente. Eu ainda não estava pronta para começar a descascar as camadas do sigilo e da negação — certamente não com uma mulher que eu nunca tinha visto. Disse a ela que não poderia responder a suas perguntas e pedi-lhe educadamente que não me telefonasse mais, e ela atendeu a meu pedido. Meu segredo estava seguro.

Mas essa história do *Daily News* parecia diferente.

No dia seguinte à publicação, cheguei ao trabalho e encontrei uma mulher sentada do lado de fora do meu escritório. Ela se apresentou como Celeste Katz, repórter do *Daily News*, e queria confirmar se eu era a Mimi da história do dia anterior.

Não havia como me esconder e nem sentido em negar.

— Sim, sou eu — respondi.

"Mimi quebra o silêncio", dizia a manchete no dia seguinte.

A essa altura de minha vida eu tinha 60 anos, era divorciada, vivia tranquilamente e sozinha em um apartamento no Upper East Side de Nova York, a alguns quarteirões do Central Park. No início dos anos 1990, quatro décadas depois de abandonar a faculdade, eu havia concluído o bacharelado, aos 51 anos. Tinha sido atleta a vida toda e era uma dedicada maratonista, passava muitas horas antes do amanhecer circundando a reserva do Central Park e apreciava estar só. Meu ex-marido, com quem tinha tido um divórcio tempestuoso, morrera em 1993. Minhas duas filhas eram adultas, casadas e tinham seus próprios filhos. Pela primeira vez em muitos anos, eu desfrutava de alguma paz.

Para conquistar essa tranquilidade e esse autoconhecimento, eu havia passado algum tempo em terapia. Depois de ter vivido basicamente como uma dona de casa, me orgulhava do meu trabalho na igreja. Eu trabalhava ali havia cinco anos, primeiro como coordenadora do ministério de áudio (gravando e produzindo os extraordinários sermões do dr. Thomas K. Tewell, nosso pastor sênior) e depois como administradora do site da igreja. As fitas de áudio que eu produzia tinham se transformado numa fonte significativa de fundos para a igreja — e o trabalho me oferecia não só renda, mas também rotina e conforto. Eu não sou uma pessoa religiosa, mas sou espiritualizada, e adorava meu trabalho ali. Também adorava minha privacidade.

Quando a notícia estourou, estourou em toda parte — não apenas em Nova York, mas por todos os Estados Unidos e pela Europa também. Infelizmente, eram meus 15 minutos de fama. As manchetes eram de todos os tipos, de previsíveis a obscenas e tolas: "De Monica a Mimi"; "Mimi: só Deus conhece o coração"; "JFK e a Dama da Igreja!". Fui ridicularizada por uma das minhas escritoras preferidas, Nora Ephron, na página de editoriais do *The New York Times.* Os pedidos de entrevista jorravam, minha secretária eletrônica estava cheia de mensagens de Katie Couric, Larry King, Diane Sawyer e, claro, do *National Enquirer*, que passou um envelope com notas de vinte dólares por debaixo da minha porta (que eu doei à igreja). Revistas semanais me inundavam com cartas. "Prezada sra. Fahnestock", começavam todas elas, "peço desculpas pela intromissão. Sei que este não é um bom momento para a senhora, mas..." — e então iam direto ao ponto. Um produtor de Hollywood me enviou flores antes de escrever sobre a possibilidade de adquirir os direitos para produção de um filme sobre a minha história; ele me ofereceu um milhão de dólares antes mesmo de me conhecer. Agentes literários apareceram querendo me representar. Edward Klein, escritor não de um, mas de dois livros indecentes sobre os Kennedy, telefonou para dizer que, se eu lhe permitisse ser o ghost-writer do meu livro, eu ficaria rica e "poderia viver em paz". Chegavam e-mails de amigos, de pessoas desejando boa sorte, de caçadores de celebridades e de críticos. Uma conhecida da faculdade me ofereceu algum consolo: "Lembre-se de que tudo isso é 'notícia da semana'", ela escreveu. "Vai passar. É que JFK é como Elvis, todos nós achamos que o conhecemos e sempre queremos saber mais."

Recusei todos os pedidos da mídia. Agradeci a bondade das pessoas que me desejaram sorte. Ignorei os críticos, concluindo que não havia motivo para argumentar com pessoas que achavam que eu estava pisando na memória de JFK ou que estava inventando tudo. Lembrei a mim mesma de que não tinha sido ideia minha tornar público o assunto; eu tinha sido forçada a isso.

Eu passara os últimos quarenta anos com medo de ser caçada, encontrada e exposta. E agora o momento havia chegado. Uma calma tomou conta de mim no instante em que a tempestade da mídia batia com força máxima. Compreendi que podia lidar com aquilo tudo, que não tinha nada do que me envergonhar. Eu não precisava mais me esconder.

Entreguei uma declaração simples à multidão de repórteres acampados na frente do meu prédio: "De junho de 1962 a novembro de 1963, eu mantive um relacionamento sexual com o presidente Kennedy. Nos últimos 41 anos, não toquei nesse assunto. Diante da recente e ampla cobertura da mídia, agora conversei sobre esse relacionamento com minhas filhas e família, e eles me deram todo o seu apoio."

E não disse mais nada.

Meu nome completo é Marion Beardsley Fahnestock Alford. De muitas maneiras, esses três sobrenomes dizem tudo o que você precisa saber sobre mim e sobre o lugar de onde venho. Eu fui uma Beardsley durante os primeiros vinte anos da minha vida, o que inclui o tempo em que fui íntima de JFK. Fui uma Fahnestock pelas quatro décadas seguintes, ao assumir o nome do homem com quem me casei em janeiro de 1964, dois meses após o assassinato de JFK. Fahnestock é o nome que está ligado à maior parte da minha vida adulta e é o nome com o qual minhas duas filhas nasceram. Sou Alford agora, porque me casei em 2005 com Dick Alford, o grande amor da minha vida, que, ironicamente, eu nunca teria conhecido se não tivesse sido descoberta em 2003. Este é o único nome que uso hoje; o único nome que aparece na capa deste livro.

Há um motivo para isso. Eu não sou mais a desprotegida Mimi Beardsley de 19 anos, que teve um relacionamento com o homem mais poderoso do mundo. Também não sou a assustada e emocionalmente mutilada Mimi Fahnestock, que passou uma vida inteira convivendo com as consequências desse relacionamento e tentando superá-las.

Eu sou Mimi Alford e não me arrependo do que fiz. Eu era jovem e estava emocionalmente envolvida, e não posso mudar esse fato. Já se passaram quase dez anos desde que meu segredo foi revelado ao mundo, e passei boa parte desses anos pensando nesse delicado episódio da minha vida e no modo como expressar meus sentimentos em relação a ele, ou mesmo se eu deveria expressá-los. Eu não tenho mais tais dúvidas. Até aquele dia em maio, havia um vazio dentro de mim que eu não sabia como preencher. Mas, desde então, a felicidade e o contentamento que vim a conhecer como Mimi Alford me libertaram — e me ensinaram a importância de assumir o controle da minha história.

A princípio, escrevi cartas (nunca enviadas) à minha neta mais velha, para "esclarecer as coisas". "Querida Emma", eu começava, "há uma história que quero lhe contar porque algum dia, quando você for mais velha, é possível que você se depare com meu nome em um livro sobre um presidente americano. Quero que você conheça os fatos...".

Mas havia muito mais nessa história do que apenas fatos a serem esclarecidos. Viver com um segredo tinha me esgotado emocionalmente, e eu agora me dava conta de que minhas cartas eram apenas uma etapa para compreender isso. Assumir o controle total exigiria intensa autorreflexão, e sobre um período bem mais extenso que o tempo passado na Casa Branca.

Este livro representa uma história privada, mas uma história que tem uma face pública. E não quero que a face pública desta história — aquela em que serei lembrada apenas como um brinquedinho presidencial — me defina.

Pode ser difícil aceitar que uma simples adolescente possa acabar na cama com o presidente dos Estados Unidos em seu quarto dia na Casa Branca. Mas nenhuma história é tão simples assim.

Ela começa em um trem para Washington, D.C.

Capítulo Dois

Era um domingo quente e úmido em Trenton, Nova Jersey, em junho de 1962. O vagão do trem em que entrei estava superlotado, não havia ar condicionado e meu vestido de algodão preferido amarrotava rapidamente. O ar, como sempre naquela época, estava espesso de fumaça de cigarro. Mas nada disso me incomodava. Eu ainda não cursava nem o segundo ano da faculdade, não tinha sequer 20 anos, e ali estava, a caminho de Washington, D.C., tendo agarrado o mais cobiçado dos empregos de verão — um estágio na Casa Branca. Na manhã seguinte, eu estaria atravessando o Portão Oeste e indo trabalhar no gabinete de imprensa da administração Kennedy.

Claro, eu tinha apenas uma vaga ideia do significado real disso. Eu tinha algumas informações básicas: onde viveria, quem seria minha colega de quarto, onde deveria me apresentar no primeiro dia de estágio e quem deveria procurar. Eu sabia que ia usar meu vestido de algodão preferido, se ele sobrevivesse à viagem de trem ou se eu pudesse passá-lo a tempo. Mas, além disso, não tinha ideia sobre as exigências do trabalho, ou sobre quem eram as pessoas com quem eu iria trabalhar. Na verdade, eu nem sequer tinha clareza de como o estágio tinha caído no meu colo.

Eu logo descobriria que a maioria das pessoas do meu nível tinha conseguido seus cargos mexendo os pauzinhos ou cobrando favores, mesmo pelos estágios mais mal pagos. Alguns estagiários tinham parentes ou pais que eram grandes doadores do partido. Não era o meu caso. Também havia aqueles que tinham tamanha paixão por política, que conseguiram seus empregos por simples força de vontade. Esse tampouco era o meu caso. Eu nem havia me candidatado àquela vaga. Meus conhecimentos sobre o governo limitavam-se ao que eu aprendera nas aulas de ciências políticas no primeiro ano da faculdade. Se eu tinha uma preferência política, ela provavelmente tendia mais para o republicanismo moderado dos meus pais, que tinham adorado Eisenhower e apoiado Richard Nixon, e não John F. Kennedy, na corrida presidencial de 1960.

Como muitos jovens no início dos anos 1960, no entanto, eu não estava imune à celebridade e à renovada determinação que o dinâmico presidente de Massachusetts representava. Ele era 12 anos mais novo que meu pai. Era espirituoso, encantador e bonito na TV. Tinha uma linda e jovem esposa que nada deixava a dever a ele em estilo e glamour. E foi ela — Jacqueline Bouvier Kennedy — quem, indiretamente, tinha conseguido esse emprego para mim. Deixe-me explicar.

Essa não era minha primeira visita à Casa Branca. No ano anterior, durante meu último ano no colégio Miss Porter — um internato para moças em Farmington, Connecticut —, eu fui editora do *Salmagundy*, o jornal estudantil. Jackie Kennedy também estudara no Miss Porter, formando-se em 1947, e, como eu, havia trabalhado no *Salmagundy*. Como aspirante a jornalista, eu tinha ficado de olho na sra. Kennedy durante toda a campanha de 1960. Ela já era a mais famosa ex-aluna (ou "antiga", como as chamávamos), e, se ela se tornasse primeira-dama, seria um sucesso conseguir uma entrevista com ela. Eu lhe escreveria e faria um pedido formal. Como poderia ela dizer não a outra antiga?

Um mês depois da posse, Hollis French, o diretor da escola, me ajudou a fazer o rascunho da carta solicitando oficialmente uma entrevista para o *Salmagundy*. Datilografei-a em papel timbrado da escola, despachei-a e passei os dias que se seguiram — que pareceram semanas — esperando o correio, checando a correspondência e ficando desapontada por não haver resposta alguma da primeira-dama. Finalmente, em 10 de março, um envelope creme com as palavras "Casa Branca" inscritas em azul-escuro apareceu na minha caixa de correio. Embora eu estivesse louca para rasgá-lo ali mesmo, corri para o escritório do sr. French para que pudéssemos ler a resposta juntos. Dentro do envelope havia uma carta datilografada de Letitia Baldrige, secretária e chefe do gabinete da primeira-dama, ela própria uma ex-aluna de Miss Porter, recusando delicadamente o meu pedido. Com graça e delicadeza, a srta. Baldrige mencionou a agenda ocupadíssima da primeira-dama e a "fila de bem mais de cem correspondentes e jornalistas esperando pela oportunidade de uma entrevista pessoal com ela".

Essa era a má notícia. A boa era que a srta. Baldrige perguntava se eu estaria interessada em ir à Casa Branca para entrevistá-la sobre a sra. Kennedy. Ela até sugeriu que me ajudaria a reunir alguns recortes para juntar à história. Essa não era a recusa-padrão. Eu estava sendo convidada à Casa Branca, se não para falar com a primeira-dama, para noticiar algo quase tão bom quanto isso: outra antiga estava nos noticiários e ocupava um lugar à mesa do poder. Minha visita foi agendada para a última semana de março de 1961, durante meu recesso de primavera.

Viajei um dia antes pelo serviço de transporte de passageiros do aeroporto de LaGuardia e passei a noite em Chevy Chase com amigos dos meus pais, que comemoraram minha incursão no jornalismo sério levando-me para jantar no National Press Club. Meus anfitriões chamaram a minha atenção, discretamente, para as pessoas conhecidas jantando à nossa volta. Na manhã seguinte, atravessei o Portão Leste da Casa Branca alguns minutos antes do meu compromisso, marcado para as onze horas.

A srta. Baldrige me cumprimentou no seu escritório sem graça, onde ela ocupava uma mesa bastante simples, fornecida pelo governo, cercada por caixas ainda lacradas (os Kennedy tinham se mudado para lá havia apenas sete semanas). Apesar da decoração pouco atraente, eu me sentia como se estivesse na presença da realeza. A srta. Baldrige, que insistia em pedir que eu a chamasse de Tish, embora isso parecesse impossível, estava meticulosamente vestida com um elegante tailleur de lã escura e uma blusa de seda — a apoteose do equilíbrio e da hospitalidade. (Após seus anos de trabalho na Casa Branca, ela viria a se tornar uma escritora de sucesso de livros sobre etiqueta e boas maneiras.) Talvez ela estivesse apenas oferecendo uma dose extra de delicadeza a outra moça do Miss Porter, mas a srta. Baldrige havia claramente pensado na minha visita. Ela reunira um conjunto de recortes de notícias sobre a primeira-dama em todo o mundo, reservara um guia para mim, e até mesmo arranjara para que eu conhecesse o presidente. Ele tinha uma visita agendada a um grupo de crianças com deficiências físicas no Rose Garden, disse ela, e eu deveria me juntar a eles.

Minha guia naquele dia seria Priscilla (Fiddle) Wear, outra ex-aluna do Miss Porter, que tinha se formado em 1958, o ano anterior à minha chegada. Fiddle (um apelido de infância porque ela não conseguia pronunciar Priscilla) era uma espécie de lenda na escola por causa do seu emprego na Casa Branca, mas eu não a conhecera até aquele momento. Tudo o que eu sabia era que ela e a sua colega de quarto, Jill Cowan, tinham deixado o Goucher College para trabalhar para o então senador Kennedy em sua campanha presidencial e ambas agora tinham empregos na Casa Branca. Fiddle e Jill eram inseparáveis. Jill (previsivelmente apelidada de Faddle) trabalhava no gabinete de imprensa; Fiddle era assistente de Evelyn Lincoln, secretária pessoal do presidente.

Fiddle me conduziu do escritório da srta. Baldrige na Ala Leste e fiquei imediatamente impressionada (e um pouco intimidada) com sua confiança e seu profissionalismo, com o modo como percorria confiantemente aqueles corredores, como se nenhum espaço fosse proibido a ela. Enquanto caminhávamos, ela mencionou que, por ser recesso de primavera, a Casa Branca estava lotada de grupos de turistas e amigos de amigos; isso dificultaria a travessia para a Ala Oeste. Então ela me levou por uma rota pitoresca, atravessando um labirinto de túneis subterrâneos e escadarias, tentando encontrar seu caminho. Após alguns desvios equivocados que nos levaram a uma cozinha e à lavanderia, emergimos na Ala Oeste, do lado de fora da sala do gabinete.

Ao ver que ele não estava ocupado, Fiddle abriu a porta e acenou para que eu a seguisse. Caminhei cautelosamente à volta da imensa mesa de madeira, tocando o encosto de cada uma das cadeiras, imaginando todas as decisões importantes e os debates acalorados que aconteciam ali. Parecia impossível que eu estivesse naquela sala.

"A srta. Smedley ficaria impressionada, não acha?", disse eu, invocando o nome da reverenciada professora de história europeia moderna. Adotando a voz de grande dama da srta. Smedley e seus gestos teatrais, imaginei o que ela diria se estivesse conosco. "E foi aqui que FDR discutiu os méritos do i-so-*lacio*-nismo e avaliou os custos de se entrar em guerra com a Alemanha nazista..." Fiddle riu e entrou na brincadeira, e por um minuto ou dois éramos novamente colegas de escola, balançando nossos braços como Miss Smedley, brincando em um quadro-negro imaginário na sala do gabinete.

De volta ao corredor, uma mulher quase nos atropelou ao correr para o Salão Oval.

— Aquela era a dra. Janet Travell, médica do presidente — sussurrou Fiddle.

Esperei por algum tempo ao lado da mesa de Fiddle, que ficava alguns passos fora do Salão Oval, enquanto ela voltava a datilografar. Por uma janela, vi a srta. Baldrige conduzindo um grupo de crianças até Rose Garden, que era a deixa para que eu saísse e me juntasse a elas. Fiddle deixou sua máquina de escrever e me acompanhou até lá fora, entregando-me à srta. Baldrige. Tish me disse para permanecer ao seu lado entre as crianças. Nós duas nos destacávamos delas em altura e esperávamos que o presidente aparecesse. Isso era muito mais do que eu havia esperado. Então as portas do Salão Oval se abriram e o presidente dos Estados Unidos saiu para Rose Garden.

Eu estava, é claro, nervosa e fascinada; que aluna do ensino médio não estaria? Eu estava curiosa para ver como era a pessoa real comparada ao que eu havia lido ou imaginado. O presidente Kennedy era mais alto, mais magro e mais bonito ao vivo do que parecia nas fotografias. Ele foi paciente e agradável com as crianças, agachando-se para ficar na altura delas. Ele era, afinal de contas, um político, o mais talentoso e bem-sucedido do país. Embora este fosse provavelmente apenas um dos muitos encontros e funções cerimoniais na agenda do dia do presidente, sem dúvida prontamente esquecido no momento em que ele passasse à obrigação seguinte, ele também estava absolutamente consciente de que os poucos segundos que aquelas crianças tinham na sua presença seria algo de que elas se lembrariam para sempre.

Quando chegou a minha vez de apertar a sua mão, a srta. Baldrige me apresentou pelo nome e mencionou que eu era uma repórter estudantil.

— Que escola você frequenta? — perguntou ele, tomando minha mão nas suas.

— O Colégio Miss Porter, senhor — consegui dizer. A coisa toda parecia irreal.

Um sorriso de reconhecimento.

— O que a traz aqui? — perguntou ele.

— Estou escrevendo um artigo sobre a primeira-dama para o jornal da escola, o *Salmagundy*.

— É aluna do último ano?

— Sim, senhor.

— Para que faculdade você vai no ano que vem?

— Wheaton ou Hollins.

— Bem, foi bom vê-la — disse ele. — Boa sorte.

— Obrigada, sr. presidente.

E então ele foi embora.

A história que escrevi sobre a minha experiência, "Antigas na Casa Branca", preencheu quase toda a edição do *Salma-*

gundy e foi um grande sucesso no campus. No dia em que saiu, para onde quer que eu olhasse, minhas colegas o estavam lendo. Eu estava orgulhosa; mais ainda depois de enviar a edição a Tish Baldrige, que prontamente escreveu de volta: "Um artigo encantador — escrito com a destreza de uma Ilka Chase, uma Clare Luce e uma madame de Staël, todas numa só." Ela era uma especialista em traquejo social, uma profissional na habilidade de fazer uma adolescente se sentir bem em relação a si mesma. Coloquei sua carta em um álbum de fotos que meus pais haviam me dado.

Assim, quando recebi a ligação do gabinete de imprensa da Casa Branca um ano depois, ela pareceu fazer pelo menos algum sentido. A história que escrevi, afinal de contas, era essencialmente sobre a ligação entre o Miss Porter e a Casa Branca. Tish devia ter se lembrado de mim e do meu interesse pelo jornalismo, concedido-me alguns pontos a mais por eu fazer parte da irmandade Farmington, e me sugerido para o cargo vago. Tais pensamentos não passam de mera especulação, porque nunca perguntei nem nunca me disseram *por que* me ofereceram o estágio. Eu sabia apenas que não podia recusar.

Isso foi ótimo para mim, mas nem tanto para meu pai. Essa súbita oportunidade o obrigou a dar um desagradável telefonema, tirando-me do emprego de verão que ele tinha arranjado como recepcionista em treinamento em uma empresa de advocacia em Nova York. Senti-me muito mal por isso, mas ele ficou contente em fazê-lo.

— Se é uma questão de escolha entre um estágio na Casa Branca e um treinamento para ser recepcionista em Manhattan — disse ele —, não há o que discutir.

Eu estava a caminho de Washington.

* * *

Eu fui criada no leste de Nova Jersey em uma enorme casa de fazenda colonial, uma das mais antigas do município de Middletown. A casa principal datava de 1781, com duas substanciais ampliações em 1800 e 1850. Tinha 14 cômodos, incluindo sete lareiras, uma biblioteca com painel de pinho e vigas originais lavradas à mão, e um salão de bailes, vestígio de um passado mais elegante, no qual raramente entrávamos, exceto para festas de aniversário e celebrações de Natal. Minha mãe deu o nome à casa de Fazenda Lago Parado. "Chega de mudança", dizia ela.

Se eu não tivesse ido para Washington naquele verão, faria viagens de uma hora de trem até o centro de Manhattan todos os dias e teria passado os fins de semana com minha família e meus amigos nadando no praia clube a meia hora da nossa fazenda, trabalhando no jardim com minha mãe e ajudando nas tarefas da propriedade. Meu pai, um fideicomissário durante o dia na Fidelity Union Trust Company, em Newark, e fazendeiro nos fins de semana, era mais feliz em seu macacão, sobre seu trator, ceifando nossos 60 acres de campos e pomares. Quando penso nele, vejo-o em seu trator, circulando à luz do fim das tardes de verão, descendo apenas quando era hora do jantar.

Para quem nos via de fora, tínhamos uma vida privilegiada. Eu tinha uma irmã quatro anos mais velha que eu, cujo apelido era Buffy. Tinha um irmão, Josh, dois anos à minha frente na escola, calouro em Princeton, que seguiria o mesmo caminho do nosso pai depois de se formar em St. Paul, New Hampshire. Eu tinha outro irmão, Jimmy, quatro anos mais novo que eu, que logo seria enviado para a escola preparatória em Rhode Island e depois para Princeton. Minha irmã Deb, seis anos mais nova que eu, entraria para o Colégio Miss Porter em dois anos. E, sim, vestíamos muito xadrez.

Nós atendíamos a todos os indicativos de privilégio, e mesmo assim ao longo de minha infância eu não sentia que fôssemos excessivamente privilegiados. Isso se devia principalmente à minha mãe. Ela era épica e virtuosamente frugal. Jamais consideraria a possibilidade de contratar um marceneiro, pintor ou outro artesão para consertar alguma coisa se ela mesma pudesse fazer. Aos 8 anos, quando deixamos Nova York para a fazenda em Nova Jersey, eu já estava bastante consciente do lema "eu mesma faço" da minha mãe. Era impossível que eu não estivesse. Como seu primeiro projeto na nossa nova casa, vi-a remover o velho papel de parede, que descascava, de todos os quartos, alisar as paredes e pintá-las ela própria. Depois, atacou as cobertas e cortinas desbotadas, comprando tecido e costurando outras novas. Construiu estantes de livros e refez o acabamento de móveis velhos; lixou e pintou todas as venezianas de madeira; fez saias rodadas de feltro para mim e minhas irmãs com apliques de Currier e Ives; participou de intermináveis revezamentos de carona, animava-nos em todos os nossos jogos escolares, limpava a casa, preparava nossas refeições e cuidava das galinhas e ovelhas da fazenda (que não eram animais domésticos, mas fontes de alimento, embora meus irmãos e eu não suportássemos a ideia de comer as ovelhas que pastavam na nossa propriedade). Ela era um dínamo de energia e autossuficiência, com um conjunto de habilidades domésticas que teriam deixado Martha Stewart orgulhosa.

Ela estava programada para se comportar assim. Sua ambição na vida tinha sido se casar, criar uma ninhada de filhos bem-educados, libertar seu marido de quaisquer obrigações que pudessem interferir na sua importante carreira, criar um lar feliz e confortável, e administrar as finanças da família para que nunca gastássemos mais do que tínhamos. Nisso ela não se diferenciava de outras mães da época, em nosso bairro e por toda a América, embora eu suspeitasse de que ela era uma versão exagerada dessa espécie.

Minha mãe era uma mulher atraente com altura acima da média (1,70m), traços faciais delicados, uma silhueta esguia, postura perfeita e cabelos ondulados curtos e castanhos. Todos a chamavam de Liddy, o que parecia adequado a ela. Era amigável e extrovertida, e podia exibir o encanto cativante e otimista de uma anfitriã, quando necessário, mas, com frequência, trazia um ar de seriedade e de pesada responsabilidade. Raramente era frívola, embora eu me lembre de ela fazer dietas tolas — como comer apenas bananas durante uma semana — de vez em quando. As dietas eram desnecessárias; sua incapacidade de ficar parada praticamente garantia que ela jamais engordasse. (Em certa ocasião, seu pai, que tinha uma fazenda próxima, contratou uma cozinheira para nós porque temia que ela trabalhasse à exaustão. A cozinheira partiu em um mês quando descobrimos que ela esvaziava a garrafa de gim do papai e a enchia novamente com água — e minha mãe, para nosso prazer, voltou a preparar todas as nossas refeições.)

Meu pai, Randy, era um homem grande e jovial — com orelhas grandes, nariz grande e um sorriso pronto e também grande. Não tenho uma única foto dele na qual não esteja sorrindo, rindo ou sendo divertido. Mas, por trás desse sorriso, ocultava-se algo mais sombrio, algo que somente mais tarde, nos anos 1960, seria diagnosticado como transtorno maníaco-depressivo. Quando crianças, nós não víamos muitas evidências da sua tristeza e do seu desespero, em grande parte porque minha mãe assumia o controle e lhe dava cobertura nos seus piores momentos. Foram anos muito difíceis para ela, mas não creio que ela tenha tido um único instante de arrependimento por escolher esse homem como seu parceiro — e vice-versa.

Meus pais estavam casados há 36 anos quando meu pai morreu repentinamente de ataque cardíaco, em 1973, aos 68 anos. Ele sempre amou os chapéus e, após sua morte, nossa mãe fez uma colagem com fotos dele usando seus chapéus preferidos. Ainda a tenho hoje no meu escritório.

Se faço nossa casa em Nova Jersey, nos anos 1950 e no início de 1960, parecer um idílio de nobreza rural é porque era assim que me parecia na época. Ali eu encontrei a felicidade e aprendi a gostar de estar só. Quando eu era uma jovem adolescente, passava horas brincando com uma grande e elegante casa de bonecas de madeira, em estilo vitoriano, que ficava em uma mesa no meu quarto — o que hoje me parece um mimetismo de admiração do dinamismo doméstico da minha mãe. Nessa casa, instalei eletricidade, pintei os quartos, coloquei papel de parede e decorei com móveis de época, sempre em escala. Eu me envolvia em cada detalhe, não apenas tecnicamente, mas emocionalmente. Povoei a casa de bonecas, criando uma família imaginária francesa — um casal chamado Marie e Paul Perot, com três filhos — para quem inventei histórias elaboradas e crises de vida. Ao criar situações e diálogos para eles, eu passava de um andar a outro, de um cômodo a outro. Era libertador dedicar minhas horas vagas a essa casa de bonecas; ela me dava uma sensação de controle. Minha família francesa tinha de me obedecer, e não o contrário.

Se isso era uma rebelião da minha parte, era do tipo mais privado possível. Era apropriado à minha personalidade. Eu às vezes acho que nasci com um governador interno das minhas emoções, permanentemente ajustado entre os níveis médio e o brando. Eu não questionava meus pais, e nem sonharia em responder-lhes. Eu raramente brigava ou mesmo discutia com meus irmãos e irmãs. Acho que tinha medo demais do confronto e de suas consequências.

Nós habitávamos um mundo autocontido, onde quase todas as fases das nossas vidas eram mapeadas para nós, definidas pelas expectativas da nossa assim chamada classe. Quando crianças, minhas irmãs e eu fazíamos reverência e sempre nos levantávamos quando um adulto entrava na sala. Aprendemos que todo gesto delicado exigia uma nota de agradecimento em troca. Orávamos antes de todas as refeições em família e "passávamos amor" à mesa segurando as mãos uns dos outros e apertando-as em troca. Concordávamos implicitamente que política e religião jamais deveriam ser discutidas abertamente, por receio de ofender. Dinheiro era um assunto tabu; era de mau gosto mencionar o quanto alguém ganhava ou gastava em qualquer coisa, e riqueza definitivamente não era algo a ser alardeado. Assumíamos que todo mundo que conhecíamos era republicano e partilhava a mesma fé protestante.

Éramos sempre lembrados de que a autoconfiança era a maior das virtudes. Cada um de nós tinha um conjunto de tarefas a cumprir na fazenda, que ia além de arrumar a cama e manter o quarto em ordem. Meu trabalho era manter a orla da jardineira sem ervas daninhas e bem podada. Quando havia grandes desastres, como uma fossa séptica destruída por uma enchente, todos nós pegávamos pás e baldes para ajudar nossos pais na reconstrução.

O mais importante na nossa família era a escola que frequentávamos. Assumia-se que nós frequentaríamos um dos prestigiados internatos que minha mãe e seus irmãos haviam frequentado: Miss Porter, St. Paul, St. George. Educação era uma virtude, mas ia além disso: ter uma dessas escolas em nosso currículo era como uma marca de status e importância.

The Social Register (O registro social), a publicação anual da lista das famílias proeminentes de Nova York, era um acessório permanente da escrivaninha da minha mãe. Não me lembro de ver meus pais o consultando religiosamente — como o personagem cômico de sir Walter Elliot, no início do livro *Persuasão,* de Jane Austen, "que nunca pegava num livro com exceção dos Anais dos Baronetes" —, mas surpreende-me hoje admitir o quanto aquele livro era importante no círculo deles.

Não havia acontecimento de maior status durante a minha juventude do que ser "apresentada à sociedade". Como tínhamos vivido em Nova York e em Nova Jersey, minha mãe insistiu que minhas irmãs e eu fizéssemos nossos débuts não em um, mas em dois estados. Essa decisão era motivada por boas intenções de sua parte — ela queria apenas o melhor para nós —, mas foi uma experiência que testou meus nervos. Não é que eu me importasse de usar um vestido longo de seda com luvas brancas até o cotovelo. É que esses bailes de debutantes, universalmente chamados, com escárnio, de "show de gado", exigiam a presença de jovens acompanhantes. Isso significava que eu era obrigada a convidar um ou dois meninos conhecidos, além de um namorado. Meu problema era que, no meu aniversário de 18 anos, eu estava numa maré de má sorte — ou deveria dizer sem sorte alguma — com os meninos. Os que me agradavam tendiam a olhar para as meninas um pouquinho mais, digamos, femininas. Se eu tinha esculpido uma identidade para mim nessa época, era a de uma atleta. Eu tinha sido capitã do time de hóquei de campo e do time de basquete na escola Rumson Country e era tão veloz nas pistas que tinha corrido na equipe dos meninos contra os pais no dia dos ex-alunos — e vencido. Não tinha exatamente uma habilidade quando se tratava de namoros.

Meu maior e único sucesso no departamento dos meninos tinha sido chamar a atenção de Louis Timolat quando ambos estávamos na oitava série — e deixado que ele me beijasse. Uma vez.

E esse foi o último beijo que alguém me deu durante todo o ensino médio.

Portanto, eu não tinha um namorado para meu début no baile de debutantes de Rumson, em setembro de 1961, realizado no Clube Seabright de Tênis e Críquete. Eu havia pedido a dois irmãos amigos de Farmington, que educadamente concordaram em ser meus acompanhantes. Eles foram perfeitos cavalheiros durante toda a noite, mas não fiquei chocada ao perceber que sua prioridade era conhecer outras meninas lá. Eu também tinha convidado dois colegas do meu irmão de Princeton, mas eles me consideraram uma irmãzinha mais nova desde o início e me ignoraram a noite toda. Hoje eu me lembro disso com perplexidade e não com maldade, mas, na época, o menosprezo mesquinho doeu. Foi uma noite quente, grudenta e desconfortável, e minha emoção dominante, aquela de que me lembro durante todos esses anos, foi de frustração.

Meu début em Manhattan aconteceu três meses depois, no grupo de jovens no grande salão de baile do Hotel Plaza. Meu acompanhante dessa vez foi meu irmão mais velho, Josh, cuja bela aparência em seu fraque branco parecia garantir que ele dançaria com todas as meninas *menos* comigo. Consolei-me com a lembrança de outro baile, no qual Josh, numa travessura própria de irmão, dançou comigo, mas balançando uma nota de cinco dólares às minhas costas para atrair outro parceiro de dança que me tirasse de suas mãos. Dessa vez, pelo menos, Josh teve a elegância de me poupar desse constrangimento.

É de admirar que eu não tenha me rebelado contra toda essa experiência humilhante — ou, por extensão, contra minha mãe, por me obrigar a passar por ela. Mas não era do meu feitio questionar ou protestar. Eu era uma filha submissa, que me sujeitava às prerrogativas e expectativas da minha família.

Havia muitas razões para eu ter tanta dificuldade com os meninos nessa época da minha vida. Para começar, com 1,75m de altura, eu era mais alta que muitos potenciais pretendentes. Era também magra. No desenvolvimento de muitas meninas altas há esta estranha zona morta, antes que ela ganhe corpo, quando fica presa entre ser cheia de energia e ser apenas bobona. Esta era eu aos 15 anos. (Também foi por isso que ganhei o apelido de "Macaca" — só braços e pernas.)

Outro motivo foi que eu parti para o Colégio Miss Porter aos 15 anos. Frequentar uma escola de meninas certamente dificulta conhecer meninos. As 220 meninas da escola eram quase tão enclausuradas quanto freiras. Quando eu estudava lá, nos sombrios anos de 1958 a 1961, nenhum menino podia se aproximar da escola, exceto nas tardes de sábado — e mesmo assim só se uma menina o tivesse registrado como seu "visitante" *uma semana antes.* Os arranjos tinham de ser feitos por carta, porque não tínhamos permissão para receber ou dar telefonemas. (A única conversa telefônica permitida era com nossos pais, não mais que uma vez por semana.) Se os visitantes estivessem dispostos a enfrentar essa dificuldade, tinham de lidar com uma série de protocolos criados, aparentemente, para eliminar todo romance de um encontro. Quando os visitantes chegavam, eram recebidos por Miller, o antigo guarda uniformizado da escola, que verificava o nome deles numa lista. Se tudo conferisse, as meninas e seus visitantes ficavam restritos a caminhar pela pista de menos de três quilômetros, sem autorização para parar, para garantir que comportamentos sinistros como dar as mãos não acontecessem. Podia-se avaliar a intensidade do relacionamento de um casal pela duração da caminhada: os casais mais ardentes chegavam a dar quatro ou cinco voltas. Ao fim da caminhada, as meninas acompanhavam seus visitantes à casa do diretor e da diretora para a obrigatória xícara de chá. Depois disso os meninos partiam, de volta para seus quartos em Groton, Deerfield e Taft.

Com o assustador e trabalhoso planejamento exigido para entrar em nosso campus, e com a limitada quantidade de atividades durante a visita, é de surpreender que algum garoto estivesse disposto a ir até a nossa escola. E não é que eles chegassem e nos encontrassem em nossa melhor aparência. Nosso guarda-roupa em nada nos diferenciava: usávamos o uniforme não oficial composto por cardigãs por cima de camisas de botão e saias de lã sobre meias três-quartos. Nossos sapatos tinham de ser da Abercrombie, resistentes sapatos marrons de laço, em couro, com lingueta em couro com franja.* Como acessório, tínhamos um conjunto-padrão — um prendedor para manter o cabelo no lugar, um broche circular dourado, um colar de pérolas — e não estávamos interessadas em ma-

* Eu cometi o erro de optar pelos sapatos de duas cores do Colégio — o que me causou uma ridícula dose de sofrimento psíquico. Minha mãe, sempre observadora, deve ter percebido isso, porque foi responsável por um dos meus momentos de maior alegria quando adolescente, ao me dar um par de Abercrombies no Natal, no meu primeiro ano. Os sapatos, naquela época como hoje, eram obsessivos objetos de felicidade para muitas mulheres. Eu não estava imune.

quiagem, nem mesmo batom, o que fazia com que as pessoas da cidade que viam nossos rostos pálidos na igreja aos domingos temessem que estivéssemos com gripe.

Eu não me adaptei imediatamente ao Miss Porter. Durante os primeiros seis meses lá, passei boa parte do meu tempo livre olhando os carros pela janela e desejando que um deles fosse meu pai vindo para me levar para casa. O fato de morarmos em casas grandes, e não em dormitórios, não ajudava em nada; só fazia me lembrar do que eu tinha deixado para trás, em Nova Jersey, e piorava a saudade de casa. Sentia-me intimidada pelas minhas colegas de classe, especialmente as de Nova York, que pareciam muito mais espertas, experientes e adultas. Minhas colegas eram treinadas para serem educadas e decentes com todas, incluindo as novatas como eu. Se havia alguma intimidação, estava na minha mente insegura. Eu tinha sido uma espécie de estrela do atletismo em Rumson Country Day, mas em Farmington eu tive de recomeçar tudo do zero. Naquele ponto da minha vida, eu não tinha o bom senso de saber que as coisas iriam melhorar; sabia apenas que, durante meus primeiros seis meses ali, eu me sentia ansiosa, solitária e insegura de mim mesma. Pela primeira vez na vida, sentia que não pertencia ao lugar onde vivia.

Lidei com meus problemas iniciais de autoestima de uma forma peculiar, embora não incomum: parei de comer. Por alguma razão, me sentia perseguida pela imagem de uma menina que eu havia conhecido em Nova Jersey que, depois de três meses no internato, tinha voltado para as férias de Natal 14 quilos mais gorda. Eu não queria ser como ela. Quanto mais ansiosa me tornava, mais obcecada ficava com a menina. Eu passava muito tempo diante do espelho, indagando se estava ficando gorda. Quando não ignorava a comida ou a colocava de lado, comia a clara de ovos cozidos, porque tinha lido em algum lugar que as calorias estavam todas nas gemas. Em consequência disso, voltei para casa no recesso de primavera pesando 14 quilos a menos do que no Natal.

Minha mãe ficou horrorizada — eu tinha sido magra a vida toda, mas agora estava absolutamente esquelética — e me levou imediatamente a um médico em Nova York, que era amigo íntimo da nossa família. Num tom sábio e tranquilizador, sem qualquer sugestão de condescendência, ele conversou comigo sobre solidão, sobre a falta de amigas íntimas e sobre meus sentimentos de inadequação. Não me lembro de jamais ter ouvido a palavra *anorexia*. Ele explicou que eu não era impotente para lidar com essas questões; eu tinha o poder de controlá-las. Por mais perdida que eu estivesse, aquilo fez sentido para mim.

Ao voltar para terminar o ano, eu estava emocionalmente renovada. Comecei a comer, a considerar minhas colegas amigas em vez de concorrentes e a sentir que podia dar conta daquilo sozinha. Aceitar essa realidade me trouxe conforto. Durante os dois anos seguintes que passei ali, concentrei-me nos estudos e dediquei minha energia a atividades extracurriculares, como o clube de teatro conhecido como Players, um clube de leitura chamado Myopians, e o *Salmagundy*, no qual administrava o pequeno grupo de colaboradoras e era responsável por garantir que o jornal saísse no prazo. Quando me formei, em 1961, fez algum sentido que minha turma me elegesse "a que mais mudou desde o segundo ano". Mas foi uma grande surpresa ser designada juntamente com outras duas colegas a "primeira presidenta".

Se houve uma lacuna na nossa educação, que de outro modo seria de primeira classe, talvez tenha sido o fato de que poucas de nós considerávamos seriamente uma carreira depois de nos formarmos; antes, ansiávamos por nos casar e formar uma família. Não culpo a escola; era simplesmente o costume daquela época. Quando iniciei a fase seguinte da minha formação como caloura no Wheaton College, uma escola de artes feminina em Norton, Massachusetts, eu não sentia que estava sendo preparada para conquistar um salário estável. Como minhas amigas, eu ansiava por me casar com um jovem adequado, com um status não muito diferente do meu. É verdade, eu tinha tido um mau começo com os meninos, mas havia superado aquela fase sem graça. E eu tinha esperanças.

Quando olho as minhas próprias fotos daquele tempo, vejo uma menina alta, magra e atlética, que finalmente tinha conquistado alguma confiança social. Eu não era tímida com os meninos. Podia conversar e flertar, bem como evitá-los facilmente. Eu só precisava encontrar alguém que me compreendesse.

Essa era a garota que eu era em 1962, olhando pela janela do trem a caminho de Washington, D.C. Eu era educada e equilibrada, mas também inocente, ingênua, sem nenhuma experiência sexual e (como todas as meninas, com exceção das mais experientes de 19 anos) alheia a tudo o que não me afetasse imediatamente. Enquanto o trem lotado e cheio de vapor movia-se por Filadélfia e por Baltimore, minha maior preocupação era já ter molhado de suor meu vestido de algodão preferido e ter de encontrar outra roupa para usar no meu primeiro dia no trabalho. Eu me sentia melhor sabendo que minha mãe também tinha empacotado dois vestidos secos do catálogo da Johnny Appleseed. Eles seriam perfeitos para usar no clima úmido do verão de Washington, D.C.

Em outras palavras, minha única preocupação no mundo era com o que vestir.

Quando o trem chegou à estação de Washington, carreguei minha mala até o meio-fio e peguei um taxi até a casa que eu dividiria com uma amiga da família, chamada Wendy Gilmore, que estava trabalhando no departamento de Estado. A casa mais parecia um bangalô, mas ficava no centro de Georgetown, na O Street.

Wendy tinha 25 anos e imediatamente me acolheu como se eu fosse uma irmã mais nova. Naquela primeira noite, nós preparamos o jantar juntas e depois estudamos um mapa com as melhores rotas de ônibus para a Casa Branca. Tentei não mostrar meu nervosismo em relação ao emprego. Não estava pensando no glamour ou no prestígio de trabalhar na Casa Branca e nem no brilho que o estágio acrescentaria ao meu currículo, se é que eu um dia teria um. Estava apenas ansiosa por chegar na hora e fazer um bom trabalho. Telefonei para meus pais para dizer que tinha chegado bem e fui para a cama cedo.

Na manhã seguinte, ao descer as escadas da frente da casa em minhas sapatilhas Pappagallo e meu vestido de algodão recém-passado, pensei em pegar um táxi apenas para saborear o prazer de dizer ao motorista: "Pennsylvania Avenue, 1.600, por favor." Mas a tolice passou depressa. Guardei meu dinheiro no bolso, caminhei até a esquina e peguei um ônibus para a Casa Branca.

Capítulo Três

— Mimi Beardsley — disse ao guarda ao chegar ao Portão Oeste. Eu me esforçava para parecer profissional.

Ele checou a lista.

— Seria... Marion Beardsley? — ele perguntou.

— Sim, sou eu — respondi.

— Ok, você pode passar — disse ele. Logo que o deixei para trás, soltei um suspiro de alívio. Durante a viagem de ônibus, eu tinha entrado numa neurose, convencendo-me de que meu estágio era um equívoco ou uma brincadeira cruel, e que eu seria impedida de entrar na Casa Branca. Tais são as inseguranças de uma adolescente; às vezes você se sente uma fraude ou uma intrusa, e acha que não pertence ao lugar.

Meu alívio por poder passar não durou muito, no entanto. Meu desafio, em seguida, era encontrar o gabinete de imprensa sem me perder. Caminhei até a porta principal da Ala Oeste e entrei na Casa Branca. Atravessei a recepção, onde repórteres ficavam à espera de uma chance de conseguir uma entrevista com pessoas de visibilidade que saíam do Salão Oval, e parei. Não tinha a menor ideia de para onde deveria ir, por isso pedi ajuda a um guarda. Ele sorriu e me orientou a seguir por um pequeno corredor à esquerda.

Eu esperava que Fiddle estivesse lá para me receber, mas não a vi em lugar algum. Na verdade, a primeira pessoa que encontrei foi Pierre Salinger, secretário de imprensa do presidente, que acenou bruscamente para que eu entrasse em seu escritório. Embora tivesse apenas 36 anos de idade, Salinger já era uma figura imponente na capital da nação, além de ser um queridinho da imprensa.* Ele tinha sido secretário de imprensa de Kennedy durante a campanha presidencial e a escolha óbvia para o mesmo cargo na Casa Branca. Era baixo, ligeiramente barrigudo e um pouco exagerado com as roupas, embora o efeito fosse frequentemente mais desgrenhado do que elegante. Ele raramente era visto sem um cigarro numa mão e um monte de papéis na outra. Não tinha a bravata da Ivy League ou a reserva aristocrática que definiam o círculo interno de Kennedy, mas era culto (tinha sido um menino prodígio no piano em São Francisco, sua cidade natal) e esperto. Salinger ficou tão impressionado com a inteligente sedução de Kennedy sobre a mídia a ponto de instigar o presidente a fazer suas conferências informativas ao vivo pela televisão — coisa que nenhum presidente tinha ousado fazer até então. Sua principal função era, como é hoje a dos secretários de imprensa, controlar e ocasionalmente acalmar uma impaciente equipe de imprensa da Casa Branca que nunca tinha o acesso que desejava ao presidente. Ele tinha uma gloriosa voz de barítono que não podia ser contida pelas portas ou paredes dos escritórios, que foi exatamente o que ouvi em seu gabinete enquanto ele anda-

* Em outubro de 1964, quando concorreu a uma vaga no Senado na Califórnia, estampou a capa da revista *Time*.

va para cima e para baixo, gesticulando com os braços no ar, esbravejando ordens a dois homens parados ao lado da sua mesa. Estavam vestidos exatamente como ele: sóbrios ternos cinzentos, camisas brancas frescas, gravatas finas. Eram seus secretários assistentes, Malcolm Kilduff e Andrew Hatcher. O sr. Salinger me apresentou a eles como a nova estagiária de verão e depois os despachou.

Ele se virou para mim e informou minhas tarefas imediatas.

— Está vendo aquelas máquinas teletipo? — perguntou, abrindo ostentosamente a porta do banheiro e me dirigindo para lá. Eu nunca tinha visto uma máquina teletipo e fiquei confusa com o fato de quatro delas estarem em um banheiro, duas contra uma parede e duas numa banheira. Elas funcionavam ruidosamente, despejando um fluxo constante de papéis da Associated Press, da United Press International, da Agência Francesa de Imprensa e da Reuters. — É o barulho — disse ele, intuindo minha confusão sobre o motivo de estarem no banheiro.

Então ele apontou para um conjunto de pranchetas penduradas numa parede de seu gabinete. Meu trabalho, ele explicou, era cortar o papel contínuo dos teletipos em pedaços de 30cm de comprimento e prendê-los nas pranchetas, uma para cada agência de notícias, antes que inundassem o chão.

Sua instrução final foi para que eu o chamasse de Pierre. Então ele me dispensou, dizendo:

— As meninas lhe mostrarão o resto.

As "meninas" às quais ele se referia eram as secretárias na sala aberta fora do seu gabinete — mulheres sérias e determinadas, a maioria na casa dos 30 anos, que não se importavam em serem chamadas de "meninas". Para ser honesta, eu também não tinha nenhum problema com isso. A palavra *feminismo* ainda não entrara no meu vocabulário. Esse tipo de dinâmica me parecia ser a ordem natural. Os homens estavam no comando. As mulheres os assistiam.

Christine Camp, secretária executiva de Pierre e líder da equipe feminina do gabinete, deu continuidade à minha iniciação na Casa Branca. Passei a meia hora seguinte preenchendo formulários de contratação de modo a poder receber meu salário semanal bruto de 67 dólares. Então ela me conduziu até uma mesa cinza padrão dentro da sala do gabinete de imprensa. Essa mesa seria minha, disse ela, assim como a máquina de escrever cinzenta Remington ao lado. Havia um telefone de disco, do tipo preto, padrão, com meia dúzia de botões piscando na base, para meu uso. Para alguém que nunca trabalhara em um escritório antes — os únicos empregos que eu já tinha tido eram de babá e auxiliar de mãe —, era como se um mundo inteiramente novo de possibilidades estivesse se abrindo. A ideia de ter a minha própria mesa e a minha própria máquina de escrever no gabinete de imprensa da Casa Branca me fez de repente sentir que tinha de fato chegado ali. Tentei ao máximo agir naturalmente, mas aquilo não era normal. Tudo era incrivelmente excitante.

Eu tinha a sensação de que aquilo não estava acontecendo apenas comigo. Todo mundo à minha volta parecia estar executando o elegante artifício de parecer ao mesmo tempo hiperativo e relaxado. Pareciam brilhar de prazer por fazer parte de algo especial. Aquela sensação rapidamente tomou conta de mim também, e, talvez pela primeira vez na minha vida, eu também comecei a me sentir especial. Comecei a sentir que tinha um propósito.

Chris Camp explicou que uma de minhas funções era atender o telefone do gabinete de imprensa — e ela deixou claro que havia uma arte para lidar com esses telefonemas. Se fosse uma pergunta rotineira de um repórter — por exemplo, a que horas Pierre Salinger daria uma conferência de imprensa no seu gabinete —, eu poderia dar a informação. Mas se fosse remotamente importante — como um repórter querendo esclarecimento sobre uma política administrativa ou apenas checando uma citação —, eu deveria transferir a ligação imediatamente para alguém com mais tempo de serviço. Eu teria de aprender a lidar com seis luzes piscando — seis linhas diferentes, tocando constantemente — sem desligar ninguém. Não era nada tão complexo, mas não dormi muito bem nas primeiras noites, até ter dominado o sistema.

Ao todo, havia nove pessoas no gabinete de imprensa, sete de nós aglomeradas no apertado espaço aberto, e Pierre, que se deleitava num gabinete espaçoso com duas portas, uma dando para a nossa sala e outra para um corredor que conduzia ao Salão Oval. (Mais tarde aprendi nas memórias de Pierre, *With Kennedy* (Com Kennedy), que em algumas noites o presidente entrava na nossa sala para fazer uma busca pelas nossas mesas. O presidente tinha o hábito de pegar livros e documentos emprestados, que Pierre depois tinha de buscar em sua mesa de cabeceira.) O clima era incrivelmente aberto e casual; em ambientes tão apertados, tinha que ser assim para que o trabalho fosse feito. O próprio Pierre, apesar da natureza delicada de seu trabalho, raramente trabalhava por trás de portas fechadas, o que me permitia ouvir as campainhas do telex tocando no banheiro. Serviços telegráficos, tais como a United Press International (UPI), tinham campainhas para identificar mensagens importantes que estavam chegando: quatro campainhas significavam uma mensagem urgente; cinco campainhas indicavam um "boletim"; dez campainhas, um "flash", eram reservadas às notícias mais importantes. Uma campainha era o meu sinal para me levantar rapidamente e recolher a cópia para Pierre.

Dava para identificar o tempo de serviço das "meninas" pela nossa proximidade do gabinete de Pierre. Como eu era a mais nova, minha mesa ficava mais distante, ao lado da porta. Jill Cowan, amiga íntima de Fiddle, tinha uma mesa de frente para a minha. Jill tinha o título de secretária, mas nunca ficou claro a quem ela se reportava diretamente. Helen Ganss, uma pessoa permanentemente ligada à equipe do gabinete de imprensa e que estava ali desde o tempo da administração Truman, sentava-se logo à porta do gabinete de Pierre. Chris Camp, minha chefe, sentava-se literalmente dentro do gabinete dele. Havia pequenos arquivos e uma estante abarrotados ao longo da parede. À esquerda havia uma porta para outra sala, que Andy Hatcher e Mac Kilduff dividiam com suas secretárias, Barbara Gamarekian e Sue Mortensen Vogelsinger.

Pierre fazia duas conferências de imprensa por dia no seu gabinete, onde os repórteres se amontoavam, simulando, como Pierre gostava de dizer, a aglomeração de um trem de metrô lotado no horário de rush. Mas havia uma tremenda sensação de energia naquela sala, de eterna pressa, de tentar estar por dentro das dezenas de coisas que estavam acontecendo ao mesmo tempo. Todos trabalhavam intensamente. Era um lugar incrivelmente revigorante para se trabalhar, uma fervilhante colmeia cheia de pessoas talentosas e inteligentes.

No meu segundo dia, recebi uma promoção. Barbara Gamarekian me colocou a cargo do arquivo de fotografias da imprensa. Uma de suas responsabilidades tinha sido acompanhar os fotógrafos da imprensa para dentro e para fora do Salão Oval durante as assinaturas de documentos e identificar os deputados, senadores e outros convidados especiais que participavam dos eventos para as legendas quando as fotos fossem finalmente impressas. Mas ela estava atrasada e precisava desesperadamente de ajuda.

— Estou tão ocupada que não tive tempo de arrumar os arquivos e eles estão uma bagunça — disse ela. — Você poderia fazer isso?

Não hesitei em concordar. Isso, pelo menos, era algo que eu sabia fazer. Eu tinha me tornado uma profissional em arquivamento e cruzamento de informações no *Salmagundy*. Hoje me dou conta de que Barbara estava seguindo a tradição da época que governava todos os estágios de verão: você sorri delicadamente e despeja sobre os estagiários todas as tarefas entediantes ou trabalhosas que você não quer fazer. Mas eu não me importava. Eu adorava olhar todas as fotos e aprender os nomes das pessoas que posavam ao lado do presidente. Estava admirada com o fato de sua rotina diária envolver tantas oportunidades de fotos.

A atmosfera casual no gabinete de imprensa, onde todos os homens tiravam o paletó e enrolavam as mangas das camisas e todos se chamavam pelo primeiro nome, parecia estar em toda parte da Casa Branca, mesmo nos portões de entrada. Quando Jill Cowan me levou para almoçar no meu primeiro dia, o guarda registrou nossa saída e lembrou que eu preferia ser chamada de Mimi, e não de Marion, meu verdadeiro nome. Naquela época não havia barricadas de cimento bloqueando as várias entradas, como existem hoje, e os carros passavam livremente pela entrada na Pennsylvania Avenue. À época, a Casa Branca e todos dentro dela eram muito mais acessíveis. Naquele primeiro dia, Jill e eu nos sentamos ao balcão de um café próximo, comemos nossos sanduíches de ovo com salada e conversamos sobre tudo, *menos* política e governo; poderíamos passar por turistas, observando o Capitólio, e não por pessoas que trabalhavam a alguns metros do Salão Oval.

Mas, embora a atmosfera fosse casual e relaxada, eu não me sentia assim. Estava preocupada em fazer um bom trabalho e aterrorizada ante a possibilidade de cometer erros. Em certo ponto do almoço, tive um pequeno ataque de pânico, imaginando que os telégrafos de notícias estavam soltando rios de papel que se espalhavam pelo piso do banheiro de Pierre Salinger e que eu seria despedida. Dei uma última mordida em meu sanduíche e convenci Jill de que tínhamos de voltar rapidamente. Afinal, eu queria ser o tipo de funcionária que é convidada no ano seguinte.

A primeira semana foi febril e exaustiva, da maneira mais positiva possível. O presidente faria uma viagem ao México em breve para se encontrar com o presidente Adolfo López Mateos, e todos no gabinete de imprensa estavam trabalhando na logística — quem participaria da equipe avançada, que membros da imprensa iriam, onde ficariam, onde seria montado um gabinete de imprensa temporário etc. Os repórteres entravam e saíam constantemente, acenando ao novo rosto quando passavam pela minha mesa. Jill me apresentou a alguns deles — pessoas como Merriman Smith, da UPI (que mais tarde ganharia o Prêmio Pulitzer por sua cobertura do assassinato do presidente), e Hugh Sidey, que cobria a Casa Branca para a revista *Time.* Eles estavam sempre à vista, sempre de olho em alguma pequena notícia ou pedindo para marcar entrevistas. O preferido do gabinete, como não poderia deixar de ser, era Sander Vanocur, da NBC, que era absolutamente encantador e bajulava regularmente a equipe com caixas de *donuts* com cobertura. Para uma jovem como eu, que tinha sido editora do jornal da escola, esses homens eram heróis.

Funcionários da Casa Branca também entravam e saíam do gabinete de imprensa. Lembro-me de um deles, Wayne Hawks, que providenciou transporte para os repórteres e suas equipes, e parou na minha mesa após uma reunião sobre a viagem que se aproximava. Ele já sabia que eu vinha de Nova Jersey, me disse que tinha participado de um treinamento de oficiais durante a Segunda Guerra Mundial no Forte Monmouth, próximo à nossa fazenda, e nos sentamos e conversamos sobre Nova Jersey por algum tempo. Mais tarde, fiquei surpresa ao ler sobre nosso encontro no *Newark Evening News*, na seção intitulada "Washington Footnotes". Minha mãe recortou a história e a enviou a todos da família. "Mimi Beardsley, de Sleepy Hollow Road, está acrescentando um tom decorativo ao gabinete do secretário de imprensa da Casa Branca, Pierre Salinger...", dizia a notícia. Só posso supor que Wayne Hawks tenha plantado a história com alguém do corpo de imprensa como uma tentativa altamente diferenciada de ganhar alguns futuros votos no Condado de Monmouth, talvez nas eleições intermediárias ou quando o presidente se candidatasse a um segundo mandato.

Não conseguia compreender como todos — desde os guardas do portão da frente até o pessoal do gabinete de viagens — pareciam me conhecer pelo nome, mesmo sem nunca termos sido formalmente apresentados. Era como se eu tivesse ganhado um título de membro de um clube de elite sem jamais ter passado pelo processo de iniciação. Mesmo sendo uma estagiária, fizeram-me sentir imediatamente parte da equipe. Revendo tudo isso hoje, aquela foi a sensação mais extraordinária de que me lembro daqueles primeiros dias: eu sentia que pertencia àquilo tudo.

Capítulo Quatro

No meu quarto dia na Casa Branca, eu estava me sentindo consideravelmente mais à vontade no meu trabalho com o teletipo. Já não acordava no meio da noite, com receio de não atender a uma mensagem de dez sinais que estivesse chegando, ou de entrar no banheiro e encontrar uma montanha de papéis no piso. Naquela manhã, eu estava cortando um feixe de notícias pouco antes do horário de almoço quando meu telefone tocou. Corri até minha mesa e atendi.

— Quer ir nadar? — perguntou uma voz masculina do outro lado da linha.

— Quem está falando? — perguntei, embora a voz me parecesse familiar.

— Dave Powers.

Dave Powers era um dos assistentes mais próximos do presidente. Eu o tinha conhecido no dia anterior, quando Jill o viu no corredor e o chamou para me apresentar. Sorrindo e todo animado, Dave me cumprimentou como se eu fosse uma amiga que ele não via há muito tempo. Como Wayne Hawks, do gabinete de viagens, ele parecia pensar que o fato de eu vir de Nova Jersey era de uma enorme importância geopolítica — e fez questão de me informar que sabia tudo sobre mim. Sabia que eu tinha dois irmãos e duas irmãs e, sempre divertido, anunciou que o insignificante número de cinco filhos era insuficiente para qualificar os Beardsley como uma boa família católica. (Ele ignorava o fato de que nós éramos, na verdade, episcopais.) Ele próprio, de família católica irlandesa, admitiu não ter atendido às expectativas ainda mais dramaticamente, porque tinha tido apenas três filhos. Nosso encontro foi pouco mais que um papo divertido e comum, mas teve todos os componentes que causam uma impressão — a lisonjeira consciência de mim e minha família, a autorreprovação por não ter tido mais filhos, a criação daquela sensação inclusiva, quase íntima, de que ele e eu tínhamos algo em comum — e fazem você se lembrar da voz de uma pessoa mesmo depois de um único encontro.

Agora ele estava ao telefone, perguntando se eu queria nadar no meio do dia na Casa Branca.

Nadar?

Suponho que meu primeiro pensamento deveria ter sido questionar a propriedade desse convite, sem mencionar o quanto era incongruente. Dave talvez conhecesse detalhes da minha vida, mas não me conhecia. Nadar é algo que se faz com amigos e familiares. As pessoas não se metem automaticamente em trajes de banho com estranhos, e certamente não em seu novo local de trabalho.

Suponho que eu deveria ter considerado tudo isso, mas não considerei. Olhando em retrospecto, eu perdi o equilíbrio. Minha primeira resposta a Dave, que suponho ter sido minha melhor forma de expressar minha confusão, foi: “Nadar onde?” Eu não sabia que a Casa Branca tinha uma piscina.

Ele me garantiu que sim, a 90 metros, mais ou menos, do gabinete de imprensa.

Minha segunda resposta foi mais direta:

— Eu não tenho nada para usar.

— Não se preocupe com isso — disse Dave, acrescentando —, haverá alguns outros funcionários lá. E temos muitos trajes de banho. Você encontrará um que lhe caiba. Passo no gabinete de imprensa em alguns minutos e podemos caminhar até lá. — Então ele desligou, como se a questão estivesse decidida.

Fiquei olhando para o aparelho por alguns instantes antes de colocá-lo no gancho, meio tonta com o convite. Então olhei para a mesa de Jill, em busca de orientação. Isso era normal?, queria lhe perguntar. Acontece o tempo todo? Mas ela não estava lá. Pensei nos meus pais e me ocorreu que eu deveria fazer uma lista de todas as coisas incríveis que estava presenciando, para poder contar a eles mais tarde. Pensei na sorte que eu tinha de estar ali. Imaginei a perplexidade deles quando eu lhes telefonasse naquela noite para descrever o banho de piscina na Casa Branca.

Eu nunca dei esse telefonema.

Em alguns minutos, Dave Powers chegou ao gabinete de imprensa para me acompanhar. Cumprimentou-me calorosamente, manteve uma conversa animada enquanto seguíamos pela colunata que cercava o Rose Garden e me conduziu à entrada da piscina coberta. Mais uma vez ele mencionou que não estaríamos sós. Ele não parecia nem um pouco constrangido pelas circunstâncias — um banho de piscina em particular, no meio do dia, com uma jovem que ele não conhecia.

O título oficial de Dave era de assistente especial do presidente; extraoficialmente, era conhecido como "primeiro amigo". Suas ligações com o presidente remontavam à primeira campanha de Kennedy para o Congresso, em 1946, quando as consideráveis habilidades de Powers com as pessoas ajudaram o rico candidato a se ligar aos eleitores operários. Ele acompanhou Kennedy a Washington, D.C., e nunca deixou de estar a seu lado durante os três mandatos na Câmara, um no Senado e agora como líder do mundo livre. A *Newsweek* referia-se a ele, sem admiração, como um "*leprechaun** irreprimível", e ele colocava seu encanto travesso à disposição do presidente. Ninguém era mais leal ao presidente e ao seu serviço. Quando Kennedy e Powers passaram pela Ala Oeste juntos pela primeira vez, Powers comparou o momento ao de "Alice no país das maravilhas [...] Ele parecia ter 3 metros de altura, e parecia crescer a cada dia". Com a bênção do presidente, Powers tinha carta branca na Casa Branca; podia ir a qualquer lugar e dizer qualquer coisa. (Ele era notoriamente irreverente. Foi Powers quem, ao acompanhar o xá do Irã ao Salão Oval, deu um tapinha no ombro do líder e disse: "Saiba que você é o meu tipo de xá.") Acima de tudo, a função de Dave Powers era a de deixar o presidente feliz.

Ao chegarmos à entrada da piscina, Fiddle e Jill de repente apareceram ao meu lado. Elas pareciam veteranas nesse ritual de banho, o que instantaneamente me deixou à vontade. Eu não tinha visto Fiddle desde que ela havia me acompanhado pela Casa Branca no ano anterior. Eu esperava que nos tornássemos grandes amigas quando cheguei para o meu está-

---

* *Leprechaun* é uma figura do folclore irlandês, uma fada normalmente representada como um homem velho, baixinho e barbudo. (N. da E.)

gio, mas ela era quase quatro anos mais velha que eu — praticamente uma barreira geracional entre jovens universitárias como nós.

Acompanhei as moças até o vestiário, onde, como Dave havia prometido, havia mais de uma dúzia de roupas de banho penduradas em ganchos. Eram maiôs de algodão simples, de peça única, em tamanhos variados, com shorts tipo boxer e tecido franzido na altura do busto. Fiquei imaginando a quem pertenciam, ou se eram deixados ali como propriedade pública para serem usados sempre que alguém sentisse a inclinação de se exercitar. Fiddle e Jill não perderam tempo pensando; começaram a se despir e a vestir os maiôs. Seu entusiasmo era contagioso, por isso eu peguei o primeiro maiô à mão. Ele não se ajustava muito confortavelmente, como eu gostaria, mas também não corria o risco de cair quando eu mergulhasse na água.

A piscina da Casa Branca, há muito coberta para a construção do atual gabinete e da sala de conferência de imprensa, era um oásis perfeito, projetado para simular uma ilha tropical. Três das paredes da piscina eram pintadas, de cima a baixo, com cenas de St. Croix, nas Ilhas Virgens americanas, com palmeiras balançando na brisa e veleiros empolados movendo-se pela água turquesa. Os murais tinham sido um presente, orquestrado pela sra. Kennedy, do pai do presidente, Joseph Kennedy. A quarta parede era espelhada, de modo que o espaço parecia amplo, e você ficava completamente envolvido pelos falsos calor e sol. Ao passar pelo espelho em direção à extremidade, me olhei de relance no maiô emprestado e senti uma onda de alívio. Eu podia não ter muitas curvas, mas pelo menos tinha boa postura, e minhas pernas longas aumentavam minha altura e minha magreza.

Dave Powers se juntou a nós também — de certo modo. Ele tirou os sapatos, enrolou a barra das calças e se sentou na beirada da piscina, balançando os pés na água. Eu mergulhei corajosamente, ansiosa por sentir o frescor da água em meu corpo e me juntar a Fiddle e Jill, que já flutuavam por ali, conversando e rindo. Mas a água não estava nem um pouco refrescante; era tão quente quanto a de uma banheira. Mais tarde eu soube que a temperatura ficava sempre em 32 graus, por insistência do presidente — para aliviar sua dor crônica nas costas. Lembro-me de boiar com Fiddle e Jill, perguntando-lhes se os sanduíches e as bebidas deixados ao lado da piscina eram para nós, quando o presidente Kennedy entrou.

Ele estava de pé acima de nós três na piscina, bonito, bronzeado, usando terno e gravata.

— Vocês se incomodam se eu me juntar a vocês? — ele perguntou.

Fiddle, sempre confiante, disse:

— Será um prazer, sr. presidente.

Ele saiu para o vestiário e voltou minutos depois em calções de banho. Ele estava incrivelmente bem para seus 45 anos: sem barriga e com braços bem definidos. Fiddle e Jill não pareciam minimamente surpresas por verem-no, o que confirmou para mim que esse banho de piscina no meio do dia era um acontecimento comum para elas e, portanto, talvez não fosse tão estranho quanto eu tinha imaginado.

O presidente escorregou para dentro da piscina e flutuou até mim.

— Você é Mimi, não é? — perguntou.

— Sim, Mimi Beardsley.

— E você está no gabinete de imprensa esse verão, certo?

— Sim, senhor, estou — respondi.

— O Pierre está tratando você bem?

— Sim, sr. presidente. Ele parece muito gentil.

— Que tarefas ele passou a você?

Contei-lhe sobre o recolhimento das notícias do telégrafo, do atendimento do telefone e da separação das fotografias.

— Espero que um pouco disso seja interessante — disse ele. — Você tem um bom lugar para morar no verão?

— Sim, senhor. Em Georgetown. Minha colega de quarto trabalha para o departamento de Estado.

— Bom, prazer em vê-la, Mimi — disse ele, e flutuou até onde estavam Fiddle e Jill.

Passei mais alguns minutos circundando a piscina, sem saber exatamente o que fazer. Nadei até onde o Dave estava e conversamos um pouco. Então o presidente saiu da água — o que Dave entendeu como sinal para o fim do nosso banho de piscina. Agarrei rapidamente uma comida da bandeja, já que a escapada para a piscina tinha se tornado minha hora de almoço, tirei o maiô molhado e voltei para minha mesa.

Ali, no ambiente apertado do gabinete de imprensa — entre o grupo próximo de mulheres que vinham trabalhando na Casa Branca desde o primeiro dia da administração —, comecei a me dar conta do efeito do que eu tinha acabado de fazer. De repente, fiquei consciente de mim mesma, como se todos soubessem onde eu tinha estado e olhassem para mim com severa desaprovação. Não era muito difícil de perceber: meu cabelo estava molhado e cheirava a cloro. Devia ser óbvio que eu tinha estado nadando, mas nenhuma das minhas colegas disse uma palavra sequer. Eu também não ia trazer a questão à tona. Quem acreditaria? E o que pensariam?

Esse acesso especial dificilmente me tornaria bem-vista pelas minhas colegas de escritório. Era raro o funcionário da Casa Branca que não medisse seu status pela quantidade de contato que tinha com o presidente — ou mesmo pelo fato de o presidente saber ou não o seu nome. Barbara Gamarekian, por exemplo, afirmava que tinha trabalhado na campanha de Kennedy desde o início e tinha estado na Casa Branca por um ano e meio antes que o presidente se dirigisse a ela pelo nome. Ela admitiu isso em seu relato à Biblioteca Presidencial John F. Kennedy: "Lembro-me de voltar ao gabinete e sentir-me como flutuando numa pequena nuvem cor-de-rosa, dizendo a todos: 'Ele sabe meu nome! Ele sabe meu nome!'", disse ela. Agora, ali estava eu, uma estagiária de verão, passando à frente da fila, passando à frente de mulheres de carreira que tinham trabalhado muito e por longo tempo na campanha presidencial para conseguir um ansiado emprego na Casa Branca. Por isso mantive minha cabeça baixa e minha boca fechada, e fiz meu trabalho como se nada tivesse acontecido.

Meu cabelo ainda estava úmido quando meu telefone tocou naquela tarde. Era Dave Powers novamente, perguntando se eu gostaria de me encontrar com todos depois do trabalho, às 17h30, para uma reunião informal com os funcionários. Era impossível recusar.

— Para onde vou? — perguntei.

— Para cima — disse ele. — Eu a buscarei.

Eu não sabia exatamente o que significava "para cima", mas tinha suficiente bom senso para não perguntar a nenhuma das outras mulheres do gabinete de imprensa — para o caso de não estarem incluídas no convite. Eu queria que elas gostassem de mim, ou eu teria um longo verão a enfrentar.

Meu desejo inicial era o de que Dave tivesse me informado antes, para que eu pudesse ter lavado meu cabelo e colocado um vestido melhor, mas teria de ir assim mesmo. Conforme o dia de trabalho chegava ao fim, fiquei de olho nas outras mulheres do gabinete, para ver se elas iam ao banheiro feminino pentear o cabelo ou passar batom, mas elas mantinham a rotina; nada de incomum estava acontecendo.

Quando Dave apareceu em minha mesa, senti-me muito pouco à vontade, convencida de que todos no escritório me lançavam olhares curiosos, e talvez lançassem mesmo.

Pela segunda vez em poucas horas, eu o segui a uma parte desconhecida da Casa Branca. Dave cantarolava baixinho enquanto caminhávamos. A Casa Branca não é um prédio simples. É um espaço repleto de escritórios, corredores estranhos e grandes espaços públicos espalhados por quatro andares e dois subsolos. A Ala Oeste, com exceção do Salão Oval e da sala do gabinete, é surpreendentemente claustrofóbica — e representa uma pequena fração da área total da Casa Branca. Dave me conduziu pelos corredores sinuosos, cruzando a sala do gabinete, saindo sob a colunata oeste, passando pela entrada da piscina, entrando novamente e descendo um amplo corredor até um elevador.

Quando a porta do elevador se abriu no segundo andar, finalmente me dei conta de que estava na residência familiar. Era um espaço grandioso, elegante, um oásis de calma em um edifício muito agitado. Eu queria parar um momento para absorver tudo aquilo, mas Dave continuou em frente, conduzindo-me a uma área conhecida como Salão de Estar Oeste. Ele era revestido de prateleiras de livros e sofás e cadeiras confortáveis de frente para uma enorme janela em formato de meia-lua que se abria para o céu ocidental. Ali eu encontrei Fiddle e Jill conversando com um homem chamado Kenny O'Donnell, que era secretário de compromissos do presidente e um fiel escudeiro de Kennedy, equivalente a Dave Powers. O'Donnell era o contraste sombrio e sério ao bobo da corte que era Powers. O presidente valorizava os dois, mas por razões diferentes.

— Tome um daiquiri — disse Dave, levantando uma jarra gelada de cima da mesa de centro e enchendo-me uma taça. Hesitei. Eu não era de beber.

— Obrigada — disse, aceitando a taça e tomando um gole educado.

— Bem-vinda ao quadro de funcionários da Casa Branca — disse Dave, levantando sua taça, dando a impressão de que o coquetel estava acontecendo apenas em honra à minha chegada à Casa Branca.

— É maravilhoso estar aqui — consegui dizer.

Tomei o daiquiri e, sentindo-me um pouco mais relaxada, não protestei quando Dave encheu minha taça novamente. Eu talvez não fosse uma bebedora experiente, mas sabia o bastante para comer algo. Sentei-me em uma cadeira ao lado dos hors-d'oeuvres de queijo que estavam sobre a mesa de centro e prestei atenção ao que Jill e Fiddle estavam discutindo com Dave e Kenny. Entre os trechos mais interessantes que ouvi estava a notícia de que a sra. Kennedy e seus dois filhos, Caroline, de 4 anos, e John John, de 18 meses, tinham ido para Glen Ora, a casa que os Kennedy tinham alugado na Virgínia, onde a primeira-dama mantinha seus cavalos.

De repente, todos se levantaram, como se o *Hail to the Chief*, o hino do presidente, tivesse começado, e o presidente

Kennedy entrou no salão. Não sei por que fiquei surpresa ao vê-lo pela segunda vez naquele dia. Afinal, ele *vivia* ali. Mas eu estava tão tomada pelo meu daiquiri que não tinha me passado pela cabeça que ele pudesse aparecer.

O presidente nos cumprimentou, tirou seu paletó, sentou-se no sofá e colocou os pés sobre uma mesinha de centro. Eu podia sentir o centro de gravidade no salão mudar imediatamente. Paramos de conversar entre nós e nos voltamos para o presidente, tornando-o o centro das atenções. Ele certamente estava consciente disso; devia acontecer dezenas de vezes por dia.

Saboreei a ideia de ter sido incluída no círculo mais confiável do presidente na Casa Branca, pessoas com quem ele tinha escolhido relaxar e fazer uma pausa das implacáveis responsabilidades do dia. Honestamente, era excitante. Sentia como se alguém tivesse colocado uma medalha em mim ou como se eu tivesse sido escolhida para me juntar ao clube de maior prestígio da escola. Mas também me sentia desconfortável. Apesar do bom humor na sala e do incrível glamour de estar no segundo andar da Casa Branca, um lugar que poucas pessoas chegavam a ver, eu sabia que não pertencia àquele grupo. Não tinha feito nada para merecer isso. Eu não sabia se devia ficar ou ir embora. Fiquei de olho em Fiddle e Jill e decidi que iria embora quando elas fossem.

Então o presidente se levantou do sofá e caminhou até a cadeira onde eu estava sentada.

— Você gostaria de fazer um tour pela residência, Mimi?

Um tour particular pela Casa Branca com o presidente dos Estados Unidos. Era um convite extraordinário. A sra. Kennedy tinha assumido sua mais divulgada missão de restaurar os interiores gastos e insípidos da Casa Branca. Por conta própria, ela havia angariado fundos e persuadido contribuintes ricos a doar obras de arte e móveis valiosos para colocar a Casa Branca de acordo com sua modesta visão de elegância. Eu me interessei por decoração desde o momento em que ganhei minha casa de bonecas, aos 13 anos. Estava bem consciente dos esforços da sra. Kennedy. Era impossível resistir ao convite.

Ao me levantar, os daiquiris subiram imediatamente à minha cabeça. Olhei em volta, tonta, esperando que todo o grupo se juntasse a nós para o tour. Mas ninguém se mexeu. Claro que não, disse a mim mesma. Eles estão sempre aqui. Conhecem cada cômodo de cor.

O presidente Kennedy já estava deixando a sala e eu o segui, como se atraída por um ímã. Ele abriu a primeira porta do corredor, explicando que anteriormente aquele era um quarto de hóspedes, que a sra. Kennedy tinha transformado em sala de jantar da família. Parada à porta, junto ao presidente, tentei absorver os painéis antigos, recentemente instalados, decorados com cenas da Revolução Americana. Mas tive a sensação de que o presidente já tinha feito esse tour muitas vezes antes e não estava com ânimo para se demorar. Ele então me conduziu pelo corredor central e abriu outra porta, dando um passo ao lado para que eu pudesse entrar.

— Este é o quarto da sra. Kennedy — disse ele.

Aquilo era estranho, pensei. Quarto dela? Onde *ele* dormia? O quarto era lindo, decorado em azul-claro, com janelões do piso ao teto, com vista para o Gramado Sul. A cama, com um dossel drapeado, dividia-se na verdade em duas camas — com um colchão duro para o presidente, por causa das suas costas, e um mais macio para a primeira-dama. Havia uma área para se sentar de frente para a lareira, com um pequeno sofá branco. Juntos, nós olhamos pela janela para o sol que desvanecia.

— Linda luz, não? — disse ele. Concordei. Ele me conduziu pelos objetos de recordação distribuídos pelo quarto: um pastel de Caroline, um busto em terracota de um menino.

Notei que ele se aproximava cada vez mais. Podia sentir sua respiração no meu pescoço. Ele colocou sua mão no meu ombro.

— Este é um quarto muito particular — disse ele.

Quando voltei a dar por mim, ele estava bem na minha frente, com seu rosto a apenas alguns centímetros de distância, com seus olhos fixados diretamente nos meus. Ele colocou suas mãos nos meus ombros e me guiou em direção à beira da cama. Recostei-me sobre os cotovelos, entre sentada e deitada de costas. Lentamente, ele desabotoou a parte de cima do meu vestido e tocou meus seios. Então levou suas mãos para entre minhas pernas e começou a tirar minha calcinha. Eu não podia acreditar no que estava acontecendo. Mais que isso: não pude acreditar no que fiz em seguida. Terminei de desabotoar meu vestido e deixei-o cair dos meus ombros. Ele baixou suas calças e se deitou sobre mim.

Parou brevemente quando sentiu alguma resistência física.

Você nunca fez isso antes? — perguntou.

— Não — respondi.

— Você está bem? — ele perguntou.

— Sim — respondi, e ele continuou, só que mais delicadamente.

— Você está bem? — ele dizia sempre.

Assenti, recostada em meus cotovelos.

Quando ele terminou e levantou suas calças, sorriu para mim e apontou para uma porta no canto.

— O banheiro é ali, se você precisar — ele disse.

Recolhi minha calcinha do chão e meu vestido da cama. Eu ainda usava o sutiã, mas nada mais, quando atravessei o quarto até o banheiro.

Quando voltei, ele já não estava no quarto.

— Estou aqui fora — chamou do Salão de Estar Oeste, onde nossa noite tinha começado. Saí para me juntar a ele, que estava sentado num sofá, e olhei em volta para ver se ainda havia mais alguém ali, mas a residência estava vazia. Estávamos apenas nós dois.

Eu estava em choque. Ele, por sua vez, estava à vontade e agia como se o que acabara de acontecer fosse a coisa mais natural do mundo.

— Você quer comer alguma coisa? — perguntou. — A cozinha fica bem aqui.

— Não, obrigada, sr. presidente — respondi.

O que eu realmente queria era ir embora, e ele deve ter percebido isso. Perguntou onde eu morava e deu um telefonema, e então explicou que um carro me pegaria na entrada do Pórtico Sul. Ele me mostrou o elevador particular.

— Boa noite, Mimi — disse ele quando a porta se abriu. — Espero que você esteja bem.

— Estou bem, sr. presidente.

Lá embaixo, um guarda me acompanhou ao Pórtico Sul e lá, como prometido, estava o carro para me levar para casa.

Capítulo Cinco

Ainda era começo de noite naquela terceira quinta-feira de junho de 1962, alguns dias antes do solstício de verão, o dia mais longo do ano. Pela janela de trás do carro, eu podia ver a Casa Branca refletindo os tons dourados do pôr do sol e identificar as luzes nas janelas dos cômodos na residência do segundo andar. Ao passar pelo portão, pensei comigo mesma: *Eu estava ali agora mesmo. Com o presidente.*

Não estava melancólica nem sendo autocomplacente ou presunçosa. Eu olhara para trás para me assegurar de que aquilo tinha realmente acontecido, que eu não estava sonhando.

Não fora um sonho.

Virei-me rapidamente e fiquei olhando para a frente enquanto o motorista manobrava pelo trânsito de Washington. Era indiferente aos edifícios do governo e aos pontos turísticos que passavam, perdida em meus pensamentos, tentando entender as duas horas anteriores, juntar as peças dos acontecimentos de modo que meus momentos com o presidente pudessem ser compreendidos como... o quê? Inevitáveis? Prazerosos? Incomuns? Incompreensíveis?

Aos 19 anos, eu não tinha habilidade para reunir os acontecimentos da noite numa narrativa que fizesse sentido. Então me concentrei na verdade mais óbvia: eu não era mais virgem. Aquilo continuou a se repetir em minha cabeça: *não sou mais virgem*. Eu sempre havia imaginado que minha primeira vez seria com o homem que eu amasse, em minha noite de núpcias. Eu não estava me "guardando" por convicção religiosa ou moral. Essa crença era simplesmente o etos convencional — e amplamente aceito — entre as meninas da minha idade. E eu era tão convencional quanto qualquer uma que eu conhecesse.

Mas as circunstâncias em torno da minha "primeira vez" dificilmente podiam ser consideradas convencionais. Nem nos meus pensamentos mais absurdos eu havia pensado que seria com um homem mais velho — que dirá da geração dos meus pais. Que dirá com o presidente dos Estados Unidos.

Como eu tinha me metido nessa situação?

Revi a cena na residência, relembrando o riso pela sala de estar e a tontura provocada pelos daiquiris. Nada na cena sugeria um ar de intriga ou ameaça sexual. Na minha lembrança, tentei localizar Fiddle e Jill, mas elas permaneciam alheias, fora do quadro. Tentei localizar Dave Powers, mas ele também estava obstinadamente oculto à cena. A única imagem duradoura era a do presidente, em mangas de camisa, com os pés sobre a mesinha de centro. Ele estava incrivelmente bonito, poderoso e atraente.

Foi isso que senti ao juntar meus pensamentos no banco de trás do carro: eu ficara encantada com a presença do presidente.

Wendy Gilmore não estava em casa quando o carro parou à minha porta, o que me deu um pequeno alívio. Eu não queria encará-la, caso ela me perguntasse como tinha sido meu dia. Não é que eu temesse desmoronar na frente dela; eu estava simplesmente exausta e queria ficar sozinha. Subi diretamente para o meu quarto e olhei meu rosto no espelho. Não parecia diferente. Eu não tinha me transformado de "menina" em "mulher" em uma noite. Como o cheiro da colônia 4711 do presidente ainda estava impregnado em mim, entrei no chuveiro. Conforme a água quente caía sobre mim e eu olhava para meu corpo, ocorreu-me o pensamento que outras mulheres da minha geração, protegidas do conhecimento de seus próprios corpos, deviam ter: *Então sexo é isso?* Eu não sabia se tinha sido bom, ruim ou indiferente. Não sabia se era para ser lento ou rápido. Eu não tinha uma opinião sobre se tinha sido "afetuoso" ou "significativo". Não tinha nada com que comparar.

Enquanto me enxugava, continuei a rever minhas ações do dia. Reexaminei o impulso por trás da sugestão de Dave Powers para um mergulho no horário de almoço. Será que ele tinha arranjado a coisa toda para dar ao presidente a chance de dar uma olhada em mim? E Fiddle e Jill? Será que de algum modo elas estavam envolvidas?

Na época, eu não tive estômago para tentar responder a essas perguntas.

Ao longo dos anos, me debati com outras perguntas sobre aquele dia. Fiquei imaginando por que o pequeno grupo na residência saiu depois que o presidente me levou no tour e se eles sabiam o que iria acontecer no quarto. Suspeito que sim. Fiquei refletindo também sobre a oferta não solicitada de estágio e por que eu tinha sido convidada para trabalhar na Casa

Branca para começo de conversa. Será que o presidente tinha uma atração por meninas de Farmington? Afinal, ele tinha se casado com uma, e havia graduadas em Farmington por toda a Casa Branca. A verdade é que eu jamais saberei.

Uma coisa que eu não questionei foi se eu havia mostrado interesse ou, de alguma forma, seduzido. À primeira vista, isso seria risível. Minhas habilidades de sedução eram tão inexistentes que a ideia de intimidade entre nós só me ocorreu depois de ter começado. Como já disse, eu era incrivelmente protegida e ingênua. Mas não há dúvida de que lá na residência eu era o objeto direto das habilidades de persuasão *dele*. Ele era um perito em conseguir o que queria — e estava habituado a isso. Ele tinha aquele dom de político que conseguia fazer você sentir que, na sua companhia, era a pessoa mais importante e interessante no mundo. Afinal, ele era um homem que, apenas poucos meses antes, tinha fascinado uma nação com seu estilo pessoal, com seu glamour, com sua rápida perspicácia e com seu ardor.

Tudo isso me faz questionar se eu poderia ter resistido a ele. Essa é uma pergunta pertinente, e minha resposta sincera a ela é "não". Quando estávamos no quarto, ele me manobrou tão rápida e inesperadamente, e com tamanha autoridade e força, que, a menos que eu gritasse, duvido que pudesse ter feito qualquer coisa para frustrar suas intenções.

Não digo isso para desculpar minha passividade naquele momento — porque, francamente, não acho que eu precise de uma desculpa. Não tenho vergonha do que fiz. Só estou tentando entender tudo isso hoje, cinquenta anos depois.

Também não estou tentando arranjar desculpas para o presidente Kennedy. Ele era, sem dúvida, um galanteador, um sedutor, um libertino insaciável, como eu e todas acabaríamos por descobrir, cada uma a seu tempo, algumas mais rapidamente que outras.

Quando partilho os detalhes daquela noite com as pessoas, sempre recebo as mesmas reações sobre o comportamento do presidente Kennedy. A princípio, na forma de assombro — ante as sinistras intenções do presidente. "Você *precisa* enxergar, Mimi", elas dizem. "Eles armaram para você! Ele era um predador!" Então, quando não concordo, a resposta se transforma em frustração — comigo. Outros levam a discussão um pouco além. Não se sentem constrangidos de mencionar a palavra *estupro* para descrever o que me aconteceu. Não vejo dessa forma.

Naquela noite, em meio ao meu estado de choque e confusão, senti, pela primeira vez, a excitação de ser desejada. E o fato de eu estar sendo desejada pelo homem mais famoso e poderoso dos Estados Unidos só aumentava meus sentimentos, tanto que resistir estava fora de questão. Foi por isso que não disse não ao presidente. Essa é a melhor resposta que posso dar.

Houve um momento, logo depois que o presidente se deu conta de que eu nunca tinha feito sexo antes e sentiu algum desconforto, em que ele se tornou mais delicado e solícito, mais atento a mim, e eu realmente me senti próxima a ele. Eu não descreveria o que aconteceu naquela noite como um ato de amor. Mas também não classificaria como não consensual.

Capítulo Seis

Na manhã seguinte, entrei na Casa Branca tentando parecer casual, como se não tivesse uma única preocupação no mundo. Era a única maneira de mascarar meu profundo pavor de que todos no gabinete de imprensa soubessem intuitivamente o que tinha acontecido na noite anterior na residência presidencial. Estava particularmente ansiosa quanto a esbarrar com Fiddle e Jill. O que elas pensariam? O que sabiam? Elas eram mulheres jovens, divertidas e despreocupadas, extremamente confortáveis na companhia do presidente — e vice-versa. Será que me considerariam uma intrusa que tinha ultrapassado seus limites ou me cumprimentariam com um sorriso malicioso? Eu não sabia o que seria pior: seu ressentimento ou sua aprovação.

Mas meu pavor era injustificado. Ao entrar no escritório às nove horas em ponto, tudo estava normal, nada fora do lugar. Não havia olhares inquisidores ou de desconfiança. Duas das minhas colegas, que tinham chegado alguns minutos antes de mim, já estavam em suas mesas, removendo as capas das suas máquinas de escrever. Cumprimentaram-me e voltaram imediatamente para o que estavam fazendo. Pierre Salinger não estava em seu gabinete. O cenário estava estranha e misteriosamente quieto, o que me fez lembrar que era uma sexta-feira de verão — e as pessoas tinham outras prioridades além de ficar acorrentadas às suas mesas. Em geral, a maior parte dos funcionários da Casa Branca tendia a cumprir uma jornada de trabalho das nove às cinco horas — o que é engraçado, quando paramos para pensar nos padrões dos dias de hoje. Elas chegavam na hora e, a menos que algo urgente estivesse em andamento, saíam na hora certa, bem antes de o sol se pôr. Embora todos que eu conheci trabalhassem duro, e os escritórios fervilhassem de energia e conversas animadas, estava longe do ardente caos que eu mais tarde veria em séries de TV como *The West Wing* (Nos bastidores do poder), em que funcionários viravam noites e tendiam a correr em vez de caminhar pelos corredores enquanto discutiam uma votação no Congresso ou alguma estatística preocupante do Bureau of Labour (Departamento do Trabalho). Por mais excitante que fosse a Casa Branca no tempo de JFK, ela nem de longe era intensa como Hollywood a apresenta atualmente. Não naqueles dias.

E tudo isso me fez lembrar da minha insignificância em toda aquela grande engrenagem. Eu era uma estagiária de verão, uma sombra num canto, recortando notícias no teletipo e atendendo os telefones, dificilmente no campo de visão de alguém. Qualquer apreensão de que minha experiência com o presidente tivesse se tornado um problema no trabalho existia apenas na minha cabeça — porque eu não estava ocupando nenhum espaço na mente de ninguém.

E, certamente, tampouco o presidente me tinha em mente.

Mais ou menos uma semana antes, ele tinha endossado o nome do seu irmão Ted para sua antiga vaga no Senado por Massachusetts. Ted tinha acabado de fazer 30 anos naquele mês de fevereiro, a idade mínima para se tornar um senador norte-americano, e logo se veria numa dura disputa nas eleições primárias contra o promotor geral de Massachusetts Edward McCormack, que tinha suas próprias ligações com poderosos de Washington, D.C.; seu tio, John McCormack, era o recém-empossado porta-voz da Casa. A campanha de Ted corria fora da Casa Branca e ocupava boa parte da atenção do presidente. Enquanto isso, ele também estava tentando lidar com a delicada questão dos direitos civis, aparando as pressões para assinar um decreto que proibiria a discriminação racial e para introduzir um ato nacional de direitos de voto. Ele havia feito do atendimento à saúde para pessoas com mais de 65 anos uma de suas prioridades máximas, e seu principal programa — chamado Medicare — estava a ponto de passar por três semanas de intenso debate no Senado antes de ser rejeitado por 52 votos a 48. E, é claro, lidava com a constante necessidade de engrenar o crescimento da economia, evitando uma recessão, equilibrando o orçamento, controlando a inflação e acalmando o empresariado, que sempre exigia confirmações de apoio por parte do presidente. O índice Dow Jones tinha atingido seu nível mais baixo no aniversário de 45 anos de JFK, o que inspirou a imprensa comercial a apelidar o momento de "a queda Kennedy".

Em resumo, algumas questões prementes ocupavam a atenção do presidente no início do verão de 1962. Eu não me iludia achando ser uma delas.

Naquela manhã de sexta-feira, eu me acomodei em minha mesa e me perdi nas tarefas a executar. Quando ouvi uma das minhas colegas comentar que o presidente se juntaria à primeira-dama em Glen Ora para o fim de semana, uma onda de alívio me invadiu.

Eu me lembro daquele fim de semana mais pelo que *não fiz* do que pelo que fiz.

Não telefonei para os meus pais.

Não telefonei para a minha irmã mais velha.

Não procurei nenhuma das minhas amigas.

Não conversei com a minha colega de quarto, Wendy, que, graças a Deus, passou o fim de semana fora.

Mas isso não quer dizer que eu tenha passado o fim de semana me escondendo ou sentindo pena de mim mesma. Quando estou ansiosa, eu arrumo. Então passei aqueles dias lavando roupa, limpando a cozinha, passando pano no chão, limpando a banheira e reabastecendo a geladeira. Saí para comprar alguns objetos para decorar meu minúsculo e espartano quarto. Fiz várias caminhadas sozinha por Georgetown, perdendo-me no labirinto das suas lindas ruas.

A minha ansiedade chegou ao seu ponto máximo no domingo à noite, quando estava separando minha roupa para o dia seguinte. De pé sobre a cama, considerando minhas opções, ocorreu-me que eu não tinha a menor ideia do que esperar desse emprego. Eu achava que tinha ido trabalhar na Casa Branca para aprender, para ver os grandes jornalistas em ação; e meus primeiros três dias no gabinete de imprensa tinham atendido a essas expectativas. Mas os acontecimentos da noite de quinta-feira tinham mudado tudo irreversivelmente. Eu estava confusa. Não conseguia entender aquele lugar nem as pessoas que o frequentavam; não entendia sequer o meu papel naquele contexto — e por um breve momento, naquela noite de domingo, decidi que não queria voltar para lá.

O sentimento passou tão depressa quanto surgiu. Lembrei a mim mesma que deveria ser corajosa e me meti na cama.

* * *

A segunda semana na Casa Branca começou bastante calma. Eu ainda não tinha visto Fiddle nem Jill no escritório desde meu encontro com o presidente, tampouco tivera notícias de Dave Powers. Eu estava de cabeça baixa, cumprindo minhas obrigações na manhã de segunda, quando ouvi alguém dizer que o presidente voltara de Glen Ora e que a sra. Kennedy tinha ficado na Virgínia. A mera menção do seu nome me causou um choque. Sentei-me à minha mesa, paralisada, com os olhos vidrados no telefone. E se ele tocasse e fosse Dave? Como eu lidaria com isso? O que diria?

Hoje, quase cinquenta anos depois, é estranho pensar que eu tenha me sentido assim, que eu ainda não tivesse me decidido sobre o que diria se ele sugerisse outro banho de piscina à tarde ou drinques na residência. Sinceramente, eu não conseguia me decidir sobre o que queria fazer. Não conseguia me resolver. Eu não estava revoltada nem intimidada pelo que tinha acontecido, e não estava magoada. Com certeza estava confusa. Provavelmente a descrição mais exata do meu estado de espírito fosse *fascinação.* Ser escolhida pelo presidente me fazia sentir especial, um sentimento ao qual eu não estava acostumada. Uma história se desdobrava diante de mim — sendo eu a protagonista — e eu procurava a resposta para a pergunta universal: *O que vai acontecer agora?*

Rezei para que o telefone não tocasse.

Então ele tocou. Era Dave Powers.

— Você gostaria de nadar no horário do almoço? — ele perguntou.

Acredito que todas as histórias de vida tenham ao menos um ponto central, um acontecimento fundamental e inspirador a partir do qual outros se desencadeiam. Se você tivesse me pedido para identificar esse momento antes de eu começar a escrever este livro, eu teria respondido que eram os nascimentos das minhas filhas — porque esses dois acontecimentos me trouxeram imensa alegria. Mas percebo agora que nem sempre é algo alegre ou memorável o que marca um ponto decisivo nas nossas vidas; com frequência ele é apenas um momento que reverbera com mais intensidade.

Eu hoje percebo que o telefonema de Dave Powers, que durou não mais que 15 segundos, foi meu ponto central — porque tudo teria sido muito diferente se eu tivesse simplesmente dito não.

Mas eu não disse não.

Eu não conhecia Dave ou o presidente bem o suficiente, àquela altura, para compreender que eu tinha uma escolha — que eu podia recusar o convite e tudo o que ele implicava, sem nenhuma repercussão. Dave não se tornaria petulante ou vingativo porque uma estagiária tinha recusado um banho de piscina com seu patrão. Eu acabaria por descobrir que o presidente Kennedy não pensaria mais que um minuto na minha ausência da piscina naquela tarde. Talvez momentaneamente uma sensação de desapontamento ou surpresa o tomasse, mas logo seguiria sua vida. Ele não teria me punido pela minha decisão. Era um homem bom e atencioso, amado por todas as pessoas que trabalhavam para ele. JFK exercia um verdadeiro encanto sobre as pessoas com quem se relacionava. Seria incapaz de dizer a Dave Powers para lidar comigo de alguma maneira punitiva.* Ele podia ser severo e duro, mas reservava tais demonstrações de poder para pessoas que ameaçavam sua presidência ou sua agenda política, não para pessoas que trabalhavam para ele. Eu não representava uma ameaça.

Mas o importante é o que eu acreditava na época. Eu achava que, se dissesse não, meu sonho de um emprego em tempo integral na Casa Branca se perderia para sempre. Eu nunca mais seria convidada para o círculo íntimo do presidente. Nunca mais experimentaria a inebriante sensação de estar na mesma sala que ele.

Portanto, embora eu hoje me condene, compreendo por que aquela menina de 19 anos disse sim ao convite de Dave Powers. Ela estava sozinha pela primeira vez na vida, longe dos pais e irmãos, distante de casa e da escola; estava lisonjeada pelo novo convite e determinada a se divertir — que se danassem as consequências.

Foi por isso que me levantei da minha mesa e caminhei até a piscina.

Fiddle e Jill já estavam na água, nadando em círculos ao redor do presidente. Ele flutuava de costas, deixando que a água quente fizesse seu trabalho e trocando piadas com Fiddle

---

* Ted Sorensen, o talentoso escritor de discursos de JFK, escreveu o seguinte sobre o presidente nas suas memórias publicadas em 2009, *Counselor*: "Sua única fraqueza notável como patrão era sua relutância — na verdade, sua incapacidade — de despedir alguém. Antes, ele as promovia. [...] Descobri essa falha de Kennedy, pela primeira vez, no Senado, quando JFK me disse que Evelyn Lincoln — a pessoa mais leal, dedicada, trabalhadora e totalmente confiável de sua equipe — não tinha capacidade intelectual para lidar com seus telefonemas e correspondências cada vez mais importantes, que ele tinha tentado despedi-la, mas que ela continuava a aparecer à sua mesa todos os dias, mesmo assim. [...] JFK a manteve, levou-a para a Casa Branca, e continuou a valorizar sua lealdade."

e Jill. Ele praticamente não percebeu a minha chegada; não deixou escapar nenhum indício do que acontecera entre nós apenas alguns dias antes. Eu não conseguia fitá-lo nos olhos. Mas eu estava lá em traje de banho, à beira da piscina, não estava? O que eu achava que iria acontecer? Deslizei para dentro da piscina e flutuei em direção ao grupo. O presidente então se virou na minha direção e pareceu sinceramente contente em me ver, mas manteve uma conversa superficial. Perguntou se eu tinha tido um bom fim de semana, se eu estava apreciando meu trabalho, nada mais interessante que isso. Se estava sentindo algum remorso ou culpa sobre a última vez em que tínhamos estado juntos, não demonstrou.

Olhando em retrospecto, esse era um comportamento astuto — e sem dúvida instintivo para alguém tão naturalmente afinado às outras pessoas. Ele criou uma tal sensação de informalidade na piscina que eu aos poucos comecei a relaxar. O presidente não me tocou nem me tratou de modo diferente, tampouco fez nada de impróprio, o que me trouxe algum conforto. Talvez nosso encontro anterior tivesse sido um evento único e nunca mais fosse se repetir. Não sei bem por que eu acreditava nisso, porque não saberia dizer se eu não queria que voltasse a acontecer. A verdade é que eu estava me iludindo, comportando-me como uma menina que protesta contra as investidas de um menino, mas reclama ainda mais veementemente se ele as interrompe. Portanto, quando Dave ligou de novo mais tarde e me pediu para subir até a residência depois do trabalho, aceitei. Também presumi que Fiddle e Jill estariam lá.

Mas a sala de estar estava vazia quando Dave me acompanhou até o andar de cima. O mesmo jarro de daiquiris estava sobre a mesa de centro, junto à mesma travessa de aperitivos folhados de queijo. Alguns minutos depois, o presidente chegou. Ele e Dave trocaram piadas enquanto eu me agarrava à esperança de que outras pessoas ainda fossem chegar. Quando Dave se levantou para sair, entrei em pânico e me levantei para sair com ele, mas o presidente interveio.

— Fique para o jantar, Mimi — disse o presidente. — O pessoal da cozinha sempre deixa comida no freezer.

Congelei.

— E tome outro daiquiri — disse ele.

Logo ele estava me conduzindo a um quarto que ele não tinha me mostrado antes. Era o seu.

— Você gostaria de tomar um banho? — perguntou, mostrando-me o banheiro. — Você pode fechar a porta. — Eu estava em tal estado de nervos que um bom banho quente pareceu realmente relaxante. — Eu a encontrarei no meu quarto — disse ele, e me deixou sozinha.

Esse foi o começo do nosso caso.

Embora o presidente tivesse uma programação cheia e altamente cronometrada, ele precisava arranjar tempo para cuidar das suas costas pelo menos uma vez por dia. Isso o obrigou a se tornar uma criatura de hábitos. O banho de piscina superaquecida ao meio-dia era uma parte inviolável da sua rotina, e por isso também se tornou parte da minha. Eu nadava com o presidente na hora do almoço ou perto do fim do expediente, voltava correndo para a minha mesa, e então aguardava um telefonema para que eu subisse à noite. O que determinava esses chamados, claro, era a presença — ou, mais exatamente, a ausência — da sra. Kennedy na Casa Branca.

No fim de junho de 1962, depois que o presidente e a primeira-dama voltaram de uma visita de Estado ao México

— por uma semana nós o chamamos de "El P", depois de os cidadãos mexicanos o terem cumprimentado como "El presidente" —, a sra. Kennedy partiu numa longa viagem, primeiro para Hyannis Port com os filhos, e depois para a Itália pela maior parte do mês de agosto. Sozinho na Casa Branca por boa parte daquele verão, o presidente me chamava pelo menos uma vez, com frequência duas, por semana.

Depois daquela primeira noite, nós nunca mais voltamos ao quarto da sra. Kennedy. Ficávamos no dele, que não era tão bonito, mas tinha uma linda cama com quatro colunas com um dossel decorado em azul e uma salinha de estar com duas cadeiras azuis de frente para uma lareira acesa. Havia pilhas de livros, jornais e revistas espalhadas.

Quanto mais e mais tempo passávamos juntos, o absurdo do nosso relacionamento e o meu constrangimento iam se dissipando aos poucos. O presidente era particularmente habilidoso em desfazer qualquer mal-estar gerado pela grande discrepância de status que nos separava: ele fazia referências explícitas ao fato de eu ser uma estudante — e se divertia com isso.

— O que todas vocês faziam trancadas naquele internato? — ele perguntava frequentemente.

É claro que ele estava querendo uma resposta escandalosa, mas na verdade não havia nenhuma.

— Nada — eu respondia, e era verdade.

Essa era uma resposta que ele se recusava a aceitar. Parte dele ainda parecia um adolescente em Choate, talvez porque eu o fizesse se lembrar de uma fase muito mais simples e despreocupada da sua vida. Ele sempre parecia bastante menino e relaxado quando estávamos juntos. Com o passar do tempo, ele também se tornou mais atencioso, mais cavalheiro do que tinha sido no nosso primeiro encontro. Já não havia nada de abrupto nos seus modos. Houve momentos em que ele chegou a ser até mesmo sedutor ao longo daquele verão pelo qual se estendeu o nosso relacionamento. Às vezes era brincalhão. Às vezes agia como se tivesse todo o tempo do mundo. Outras vezes, não estava disposto a se demorar. Nosso relacionamento sexual era variado e divertido.

O presidente Kennedy era um sensualista. Nós passávamos muito tempo tomando banho durante nossas noites juntos. Ele chegava a trocar de camisa até seis vezes por dia, porque detestava se sentir suado ou sujo. Naquele primeiro verão, nós transformamos o elegante banheiro do seu quarto — com suas toalhas brancas e espessas e seus roupões macios, também brancos, ornados com o selo presidencial — no nosso próprio mini-spa. O único detalhe destoante eram os patos de borracha, que apareceram mais tarde naquele outono, mais ou menos à época em que o álbum de humor *The First Family* [A primeira família], de Vaughn Meader, era o disco mais vendido no país.* O comediante apresentou uma cena em que supostamente o presidente, ao enumerar que brinquedos pertenciam a Caroline e quais pertenciam a John, insistia em dizer que o pato de borracha era seu. Depois disso, um amigo, é claro, lhe enviou um conjunto de patos de borracha, que ele imediatamente instalou como acessórios permanentes ao longo da borda da sua banheira. A partir de então, ver aqueles patos trazia à tona seu lado brincalhão. Era parte do seu charme: ele era um homem sério e sofisticado, com responsabilidades imensas, e mesmo assim estava disposto a ser completa-

---

* O LP de Meader vendeu mais de 7,5 milhões de cópias e ainda é hoje o álbum de humor mais vendido de todos os tempos. Podia-se ouvi-lo no rádio, nos dormitórios e em salas de estar, aonde quer que se fosse naquela estação.

mente tolo, a brincar com uma piada feita às suas custas. Era uma qualidade irresistível. Nós demos aos patos os nomes de pessoas da sua família, inventamos histórias sobre eles e muitas vezes os fizemos apostar corrida de um lado ao outro da banheira. Quarenta e cinco anos depois, quando meu segredo foi revelado, eu descrevi esses patos a uma amiga.

— Você não teve um caso com o presidente — ela concluiu. — Você brincava com ele.

Depois dos nossos banhos, fazíamos uma refeição leve — normalmente galinha fria, coquetel de camarão ou sanduíches de rosbife, o que quer que os empregados tivessem colocado na geladeira ou deixado sobre uma mesa com rodinhas. Não consigo me lembrar de uma única vez em que eu e o presidente tenhamos nos sentado para fazer uma refeição quente na residência; por motivos óbvios, ele pedia aos empregados que lhe preparassem comidas e bebidas e depois lhes dava a noite de folga. Evidentemente, ele achava que podia confiar sua vida privada a Dave Powers, Kenny O'Donnell e ao seu empregado, George Thomas; os três pareciam ter acesso total, sem restrição de horário, à residência. Os agentes do serviço secreto tendiam a permanecer no andar de baixo, raramente se aventurando ao segundo andar.

Nós tínhamos o segundo andar totalmente à nossa disposição, mas raramente nos aventurávamos para além do quarto dele e da cozinha. Ele me ensinou a fazer ovos mexidos do jeito de que gostava, mexendo-os lentamente em banho-maria.

Em algum momento da noite ele colocava um disco em um aparelho embutido na parede da passagem que ligava o seu quarto ao da sra. Kennedy. Ele adorava música popular, e seu gosto ia de Tony Bennett a Frank Sinatra. Eram músicas com as quais eu não me identificava. Eu preferia melodias pop, sobre garotas apaixonadas, como *I Will Follow Him*, de Little Peggy March, e *Will You Love Me Tomorrow*, de Shirelles. Nosso gosto musical só coincidia quando ouvíamos *I Believe in You*, do musical *How to Succeed in Business Without Really Trying* [Como ter sucesso nos negócios sem realmente tentar], de Frank Loesser. O presidente tirava o disco com a gravação do elenco original e colocava a agulha sobre a melodia do segundo ato do show de sucesso.* Algo no modo como Robert Morse cantava as letras — *You have the cool, clear eyes of a seeker of wisdom and truth* [você tem os olhos calmos e claros de quem procura sabedoria e verdade] — parecia iluminar algum centro de prazer no interior do seu cérebro. Ele gostava tanto da música que fiz questão de aprender a letra para poder cantar junto.

Às vezes, quando ficava muito tarde, eu passava a noite com o presidente, o que hoje seria impensável, dada a marcação cerrada que a mídia exerce sobre as pessoas públicas. Mas, na época, parecia perfeitamente natural.

— Faça o que preferir — dizia o presidente. — Você pode ir para casa ou ficar.

Nas noites em que eu ficava, ele me emprestava uma de suas macias camisas de pijama de algodão azul. Pela manhã, eu podia acordar e encontrar o presidente tomando café na cama enquanto lia os muitos jornais entregues na residência todos os dias. Ele então tomava um banho, durante o qual se barbeava para economizar tempo, vestia-se e partia para o Salão Oval entre nove e nove e meia.

Eu nunca senti que devesse me esgueirar da residência às primeiras horas da manhã, antes de os empregados chegarem.

---

* O musical ganhou o prêmio Pulitzer de Drama em 1962.

Pelo contrário, me sentia confortável em demorar ali, com ou sem o presidente. Os agentes do serviço secreto sabiam que eu havia passado a noite com ele. O sr. Thomas sempre me cumprimentava delicadamente, mas era discreto e leal demais para sugerir — com uma palavra ou um olhar — que desaprovava minha presença. Geralmente eu ia para casa trocar de roupa antes de voltar para trabalhar, mas às vezes apenas descia de elevador, caminhava pelo pórtico, passava pela piscina e pela Sala do Gabinete e entrava no gabinete de imprensa. Eu estava tão satisfeita por ter sido escolhida pelo presidente que não me sentia nem um pouco constrangida de usar a mesma roupa dois dias seguidos. Se minhas colegas notassem, eu não me importava. Sentia-me invulnerável, como se estivesse revestida com o poder do presidente.

Durante aquele primeiro verão com o presidente, eu desenvolvi o que acreditei ser uma amizade íntima com Dave Powers. Era impossível não gostar dele. Dave tinha a conversa fácil de um irlandês somada à discrição de um padre. Eu achava que Dave cuidava de mim como um tio, certificando-se de que eu não me machucasse. Hoje percebo que ele estava criando uma cortina de fumaça, como um hábil operador político. Dave não estava cuidando de mim. Estava cuidando do presidente. Muitas vezes me perguntei como Dave via seu papel de intermediário sendo ele pai de duas filhas e eu tão jovem. Nós passávamos muito tempo juntos na residência, bebendo daiquiris e esperando pelo presidente, mas não me lembro de ele jamais ter mencionado suas filhas. Isso me faria perder a sensação de estar sendo cuidada, de pertencer. Sua função era me acompanhar ao segundo andar, ficar comigo alguns minutos e partir.

Eu frequentemente tomava um longo banho e esperava pelo presidente em um de seus roupões.

De vez em quando, Dave voltava mais tarde, à noite, tomava um drinque e nos divertia com suas histórias e fofocas políticas. Os dois homens gostavam imensamente da companhia um do outro — e às vezes voltavam sua atenção para mim. Por exemplo, nem Dave nem o presidente acreditavam que eu não fosse objeto do interesse universal dos garotos da minha idade.

Eu finalmente enfrentei a incredulidade deles (que sem dúvida era exagerada em meu favor) e contei sobre Jimmy Robbins, um aluno da Universidade da Pensilvânia que eu havia namorado brevemente durante meu primeiro ano em Wheaton. *Namorar* é uma palavra forte demais para o que houve entre nós. Nosso "romance" consistiu de um fim de semana em Penn, uma visita à minha casa em Nova Jersey e um fim de semana na casa dos pais dele em Bedford, Nova York, onde rapidamente ficou claro que ele preferia jogar golfe o dia todo a ficar comigo. Enquanto eu permanecia sentada esperando pelo Jimmy numa tarde de domingo, seu irmão teve pena de mim e me convidou para almoçar. Mas eu não contei tudo isso ao presidente e ao Dave; deixei no ar a possibilidade de Jimmy e eu ainda sermos um casal.

Eles se apegaram a isso, especialmente ao fato de Jimmy cursar a Universidade da Pensilvânia. Isso inspirou uma piada recorrente sempre que eu estava perto dos dois. "Dave, avise o serviço secreto que se um sujeito aparecer para uma visita usando um casaco da UPenn, ele deve ser informado de que a Casa Branca está fechada." Ou: "Sabe aquele sujeito com o casaco da UPenn, sr. presidente? Nós o prendemos hoje."

Eles estavam zombando de mim de modo suave e gentil, e eu me encantava com a atenção que me davam.

Claro, na época eu não sabia que não era a única, que havia outras mulheres na vida do presidente. Eu nunca cheguei à conclusão lógica de que, se ele se comportava dessa maneira comigo, provavelmente fazia o mesmo com outras. Mais tarde eu leria que Dave Powers advertiu muitas amantes do presidente a permanecerem em silêncio porque esse comportamento clandestino poderia se tornar um assunto de "segurança nacional", mas ele nunca mencionou nada semelhante para mim. Não era necessário. Se eu tivesse contado a alguém sobre o nosso relacionamento, eu imaginava, estaria revelando meu próprio comportamento questionável, assim como traindo o presidente.

Eu certamente não sou a primeira pessoa a escrever sobre a incrível discrição com que a mídia tratava a vida pessoal do presidente — o que é quase inimaginável diante do que vemos atualmente, quando os momentos mais privados da vida das nossas figuras públicas são, em detalhe, abertos pela imprensa ao grande público. Uma forte razão para isso, além do fato de simplesmente ser uma época diferente, mais discreta, é que a mídia adorava o presidente Kennedy. Ao longo do caminho houve alguns questionamentos amenos sobre as suas indiscrições, embora eu não saiba se foram sobre mim ou sobre outras. Trinta anos depois, em uma entrevista à revista *Washingtonian*, Pierre Salinger se lembraria de como ele despachou facilmente um desses questionadores.

— Eu dei a ele uma resposta dos anos 1960, e não uma resposta dos anos 1990 — disse Pierre. — 'Olhe, ele é o presidente dos Estados Unidos. Trabalha de 14 a 16 horas por dia. Ele tem de administrar a política internacional e a nacional. Se ele tiver amantes depois de tudo isso, que diferença isso faz?' O repórter riu e foi embora. Foi o fim da história.

A teoria que tenho hoje sobre como o presidente conseguia esconder suas atividades de muitas das pessoas mais próximas a ele na Casa Branca é a de que ele era um gênio da compartimentalização. Como Ted Sorensen escreveu, em 2009, em suas memórias, *Counselor*:

> *Ao longo dos nossos anos juntos, havia uma dicotomia no nosso relacionamento. Eu estava totalmente envolvido na parte importante da sua vida, e totalmente excluído dos lados social e pessoal. Exceto por alguns banquetes formais, nós nunca jantamos juntos durante os anos de Casa Branca. As vezes em que estivemos juntos socialmente ao longo dos 11 anos em que trabalhamos juntos foram tão poucas que posso me lembrar de cada uma delas.*

Como principal escritor de discursos de Kennedy, Sorensen supria a "voz" de JFK. Ele sabia como a mente do presidente funcionava e podia articular com brilhantismo suas crenças e seus sonhos melhor do que ninguém. Mas mesmo este homem, que se julgava atrás apenas de Bobby Kennedy em termos de acesso e valor, nunca jantou sozinho com o presidente, nunca realmente o viu além do horário de trabalho.

As palavras de Sorensen fizeram todo o sentido para mim. A compartimentalização do presidente lhe permitia segregar eficientemente as pessoas em todas as áreas da sua vida, e uma área das demais. Havia o compartimento para sua esposa e seus filhos. Havia o compartimento para o espaçoso clã Kennedy que se reunia no complexo familiar em Hyannis Port. Havia um compartimento para seu círculo íntimo de conselheiros. Havia um compartimento para seus amigos. Havia um outro para os membros da imprensa, muitos dos quais achavam que ele era ao mesmo tempo seu amigo e objeto das suas reportagens. E, mais obviamente, havia um compartimento para suas namoradas. Sua habilidade estava em limitar a frequência com que esses vários compartimentos se sobrepunham. Como disse Sorensen: "Eu não me lembro de tudo sobre ele porque nunca soube tudo sobre ele. Ninguém sabia. Diferentes partes da sua vida, do seu trabalho e dos seus pensamentos eram vistas por muitas pessoas — mas ninguém a via por inteiro."

É por tudo isso que parece plausível que tão poucas pessoas que afirmavam conhecê-lo soubessem sobre a extensão de seu lado mulherengo. O presidente tinha o controle total sobre quem era convidado ao seu mundo e sobre o que estavam autorizados a ver. Mas isso deve ter sido exaustivo.

A estratégia do presidente até me levava a ponderar sobre a extensão do seu relacionamento com Fiddle e Jill. Será que ele também dormia com uma delas, ou com as duas? A primeira-dama certamente tinha suas suspeitas sobre Fiddle. "Essa é a moça que supostamente está dormindo com meu marido", ela disse uma vez (segundo relato oral de Barbara Gamarekian) em um aparte severo, feito em francês, a uma repórter da *Paris Match* enquanto as duas faziam um tour pela Ala Oeste e passaram pela mesa de Fiddle. Mas eu não tinha a menor ideia quanto à veracidade daquilo. Se eu tivesse suspeitado que alguém na Casa Branca estava no mesmo barco que eu, esse alguém seria Fiddle. Eu a adorava. Ela estava sempre equilibrada, sempre dizendo as coisas certas. Ela me cumprimentava com entusiasmo sempre que nos encontrávamos, tratando-me como se eu fosse sua irmã mais nova. Apesar do seu jeito alegre e divertido, ela era tão discreta quanto um agente da CIA. Nós conversávamos muito — em geral sobre roupas —, mas não me lembro de uma única situação em que ela tenha revelado uma informação sobre o presidente. Embora Fiddle e também Jill tivessem um relacionamento tranquilo com o presidente e frequentassem regularmente a piscina ao meio-dia, mais que isso eu não sei dizer.

Um bom exemplo de quão agressivamente o presidente se arriscava apareceu no livro de Sally Bedell Smith, *Grace and Power* (Graça e poder). Na segunda semana de junho de 1961, relatou ela, o problema nas costas do presidente piorou tanto que sua médica, dra. Janet Travell, indicou que ele passasse quatro dias em Palm Beach, Flórida, para poder mergulhar na piscina de água salgada na propriedade de um amigo abastado, Paul Wrightsman, e descansar. Com o presidente estavam seu amigo íntimo Chuck Spalding, a dra. Travell, o chef da Casa Branca Rene Verdon, e alguns funcionários, incluindo Fiddle e Jill. Entre o corpo de imprensa que seguia o presidente Kennedy por toda parte estava o correspondente da revista *Time* na Casa Branca, Hugh Sidey. Como Sidey recordou, Kennedy o convidou para um grande jantar uma noite em Palm Beach, no qual Spalding, Fiddle e Jill também estavam presentes. Foi uma "noite estranha", segundo Sidey; o presidente se exibiu, contou piadas e histórias loucas da maneira mais despreocupada. Quando o jantar terminou, Sidey se ofereceu para dar uma carona a Fiddle e Jill até seu hotel, onde ele também estava hospedado — o que desencadeou uma série de momentos estranhos. Fiddle e Jill lhe disseram que estavam de carro, mas mesmo assim se levantaram para partir. Uma vez no carro, elas disseram a Sidey que o carro não estava pegando e que tinham de voltar à casa para pedir ajuda. Nesse momento as névoas da confusão se dispersaram e Sidey disse para si mesmo: "Hugh, você é um imbecil."

* * *

Embora minha aventura na Casa Branca tenha começado a partir do meu pedido para entrevistar Jacqueline Kennedy, eu nunca a encontrei, nem mesmo a vi, durante o tempo em que estive ali. Uma explicação para isso era o fato de que seu escritório ficava na Ala Leste e eu estava na Ala Oeste, e os dois lados da Casa Branca, embora a menos de 90 metros de distância, eram mundos separados e funcionavam independentemente um do outro. Eu nunca ouvi nenhuma das minhas colegas do gabinete de imprensa dizer que ia até a Ala Leste.

Mas o principal motivo para que eu nunca a tenha visto ou conhecido foi a sua ausência — ela passou a maior parte do verão de 1962 longe da Casa Branca. Após sua visita de Estado ao México com o presidente, em junho — onde ela encantou seus anfitriões ao fazer um rápido discurso em espanhol impecável —, basicamente deixou Washington para umas longas férias de três meses. Além de Glen Ora, onde frequentemente se refugiava por longos fins de semana com seus filhos, ela alugou uma casa de sete dormitórios em Hyannis, não muito longe do complexo dos Kennedy. De 7 a 30 de agosto, ela esteve com Caroline na Itália, e ao retornar foi diretamente para a fazenda Hammersmith, onde morou na infância em Newport, Rhode Island, tendo permanecido lá com seus filhos até o início de outubro. Somente então retornou à Casa Branca. Isso explica por que o presidente tinha tanto tempo para mim.

Como tantas jovens mulheres na América naquela época, eu admirava a pose real da sra. Kennedy e seu estilo. (Minha mãe, que a havia conhecido em 1961, quando a sra. Kennedy recebeu as ex-alunas de Miss Porter na Casa Branca, compartilhava essa admiração. Mamãe guardava o convite e uma caixa de fósforos gravada com o símbolo da Casa Branca no seu álbum de fotografias.) Ao que tudo indica, ela era uma mãe e esposa dedicada, uma mulher — como mais tarde ficou absolutamente claro — de grande força e caráter. Eu me envergonho, portanto, de admitir que não me lembro de sentir qualquer culpa pelo meu papel na sua vida. Na minha mente de menina de 19 anos, eu não estava invadindo o casamento dos Kennedy; estava apenas ocupando o tempo do presidente enquanto sua mulher estava fora. Provavelmente por ter ficado fora o verão todo, ela não era uma questão em nossas interações. Com poucas exceções, o presidente nunca falava sobre ela quando estava comigo — e certamente nunca disse nada desagradável ou crítico. Como em tantas outras coisas, dói-me dizer que eu apenas seguia o presidente. Se ele não estava incomodado por conta da sua esposa, por que eu deveria estar?

Percebo o quanto isso soa negligente, mas é a verdade. Como eu disse antes, nunca pensei que talvez não fosse a única "outra mulher" na vida do presidente. Eu simplesmente me recusei a pensar nisso.

Somente muito mais tarde, quando as biografias começaram a sair, passei a me dar conta da extensão das suas infidelidades. Foi só então que eu soube de mulheres como Helen Chavchavadze, outra graduada de Farmington, e Mary Pinchot Meyer, uma socialite mundana e uma ex-repórter deslumbrante, que ganharam um status quase icônico entre os biógrafos, em boa parte porque estavam entre as poucas mulheres do presidente que podiam ser identificadas pelo nome. Ao contrário de mim, essas mulheres não eram invisíveis. Elas tinham sido uma parte integral da vida social dos Kennedy, frequentando jantares íntimos promovidos pela sra. Kennedy nos anos 1950, quando ela era esposa de senador, e nos anos 1960, quando era a primeira-dama.

Ao ler sobre essas mulheres — e me dar conta de que o presidente estava com algumas delas ao mesmo tempo em que se encontrava comigo — comecei a apreciar duas coisas nele.

A primeira era o grande cuidado que tomava para proteger a sua esposa de suas infidelidades. Acredito que ele a colocava num pedestal como a parceira perfeita para ajudá-lo a concretizar suas ambições. E tratou de colocar esse pedestal em um espaço privado ao qual nenhuma das suas "outras mulheres", inclusive eu, jamais teria permissão para entrar.

O segundo motivo da minha admiração era o fato de que o tempo todo ele também estava se protegendo. Como fazer isso e ao mesmo tempo criar filhos e ser um marido, conduzir um partido e governar um país, viajando pelo mundo e perseguindo uma visão de democracia?

Você constrói muros, você compartimentaliza, você se certifica de que ninguém o conhece completamente.

Capítulo Sete

O presidente era bastante vaidoso, particularmente com seus cabelos. Durante aquele verão, ele me convocava frequentemente ao Salão Oval e me pedia para aplicar um tratamento capilar antes das suas conferências de imprensa televisionadas. Aparentemente o tratamento capilar era um ritual diário que tinha se originado durante a campanha de 1960. Ele insistia em só usar produtos da Frances Fox, uma empresa do interior do estado de Nova York. Ele gostava de se recostar em sua cadeira de balanço e fechar os olhos enquanto eu massageava um tônico e um unguento cor de âmbar no seu couro cabeludo. Então eu escovava — nunca usava pente — tudo no lugar. Às vezes um visitante entrava enquanto isso estava sendo feito; o presidente me fazia um sinal para continuar e conversava com a pessoa enquanto eu tratava do seu cabelo.

Quando eu não estava fazendo tratamentos capilares, continuava trabalhando no gabinete de imprensa, realizando tarefas simples, atendendo telefonemas, guardando material de escritório, recortando as notícias do telégrafo, entregando comunicados de imprensa e arquivando fotos da imprensa. Mas, com o passar do verão, comecei a me sentir menos ligada ao trabalho. Eu passava mais tempo pensando no meu caso com o presidente, sendo arrastada, cada vez mais, para o interior da sua órbita pessoal.

Apesar de todo o tempo que passamos juntos e do crescente nível de intimidade entre nós, eu nunca deixei de ser a parceira obediente no nosso relacionamento; o inerente desequilíbrio de poder entre nós era simplesmente grande demais. Durante todo o tempo em que estivemos juntos, nunca me ocorreu chamá-lo de Jack. Mesmo nos nossos momentos mais íntimos, eu o chamava de sr. presidente. Até hoje é assim que me refiro a ele. Acho que é um estado de espírito que nunca desvanece. Considerando as armadilhas do poder que o cercavam mesmo quando não estava diante do olhar público — o camareiro, os cozinheiros, os agentes do serviço secreto, todos se dirigiam a ele como sr. presidente —, isso não é tão estranho quanto parece. Agir de outro modo pareceria inadequado.

Os fins de semana em que o presidente ia a Hyannis naquele verão eram nebulosos, vazios, sem propósito para mim. Minha colega de quarto geralmente viajava nos fins de semana, deixando-me por conta própria. Eu passava os dias lavando roupa e vendo vitrines em Georgetown, e eu passava as noites na cama, lendo. Não tinha uma vida social sobre a qual falar. Só me lembro de ter saído uma vez, para um coquetel em Georgetown dado pelo jovem Jay Rockefeller, que depois seria governador e senador pela Virgínia Ocidental. Parecia que todos ali tinham acabado de sair da faculdade, trabalhando em empregos de verdade, para pessoas influentes. Eu também trabalhava para pessoas influentes, pensei, mas numa posição sem importância. O fato de eu estar romanticamente envolvida com a pessoa mais influente da cidade não me servia para muita coisa ali; não era algo de que eu pudesse falar. Por isso tomei meu drinque, concluí que estava totalmente deslocada e fui cedo para casa. Mal podia esperar pela segunda-feira.

No final das tardes de verão, o presidente frequentemente deixava o escritório um pouco mais cedo e levava alguns convidados em cruzeiros pelo rio Potomac no iate presidencial *Sequoia.* Era um navio lindo, construído em 1925, com mais de 30 metros de comprimento, tinha um grande salão principal e diversos deques onde os convidados podiam tomar coquetéis enquanto uma brisa suave abrandava o calor opressivo de Washington. Dave Powers estava frequentemente a bordo, assim como o deputado por Massachusetts Torbert "Torby" Macdonald, colega de quarto do presidente em Harvard, e Paul "Red" Fay, o subsecretário da Marinha e velho amigo de guerra do presidente. O clima era o de um refinado evento social de fraternidade. Havia mais homens que mulheres, e as mulheres não eram necessariamente casadas com os homens com quem entravam no navio. Eu era sempre apresentada como "Mimi, que trabalha para o Pierre no gabinete de imprensa".

Uma tarde fui apresentada a uma mulher que imediatamente sentiu que eu não estava ali numa atividade de imprensa. Ela não era ingênua. Trabalhava para o senador pela Flórida, George Smathers — e dizia-se que tinha um caso com ele. Enquanto tomávamos nossas bebidas no deque superior, ela me puxou de lado.

— Você é jovem demais para estar aqui — disse ela. — Você vai se arrepender. De repente você vai olhar para trás e já estará com 25 anos, e não terá uma vida.

Senti como se tivesse levado um soco no estômago. *Como ela podia saber?* Reuni meu melhor equilíbrio de Farmington e disse:

— Não sei do que você está falando.

Mas eu era uma garota descuidada, cega pelo poder e pelo carisma do presidente, eu estava completamente comprometida a manter nosso caso em segredo. De que outro modo eu poderia responder senão dissimulando e negando? De certo modo, o que eu disse a ela era verdade. Embora minha intenção fosse dispensá-la, eu realmente não tinha a menor ideia do que ela estava falando. Eu não me dava conta de que era jovem demais, de que não tinha a experiência para estar naquela situação, de que o fascínio de um caso amoroso diminui com o tempo, de que não é saudável estar à disposição de um homem casado, de que *haveria* consequências para o que eu estava fazendo. Eu nem ao menos conseguia imaginar uma vida aos 25 anos; eu tinha 19 e estava me divertindo e vivendo o momento. Os 25 me pareciam a milhões de quilômetros de distância.

Em meados de agosto, o presidente e eu estávamos no Salão Oval, fazendo o tratamento capilar, quando ele me perguntou se eu gostaria de conhecer o Parque Nacional Yosemite. Ele disse isso com um tom casual, como se estivesse me convidando para ir ao cinema. Ele explicou que o seu secretário do Interior, Stewart Udall, vinha insistindo para que ele divulgasse as emergentes questões de conservação e proteção ambiental, e que naquele momento estava sendo organizada uma viagem a vários pontos notáveis no oeste. Ele disse que imaginava que eu acharia lindo e me perguntou se eu gostaria de ir.

A ideia de uma viagem assim, claro, era irresistível. Eu nunca tinha visto Yosemite e podia contar nos dedos o número de vezes que estivera em um avião. Sim, eu respondi. Eu adoraria ir. O presidente disse que Dave Powers tomaria as providências.

Na sexta-feira, 17 de agosto, o presidente embarcou no tipo de viagem-relâmpago que apenas os chefes de Estado com suas equipes avançadas e com a sua própria força aérea são capazes de realizar. Primeiro ele parou em Pierre, Dakota do Sul, para inaugurar a represa de Oahe. Mais tarde, nesse mesmo dia, partiu para Pueblo, Colorado, para inspecionar outro projeto hídrico e receber uma frigideira de ferro fundido — um símbolo do Velho Oeste — de um político local. Dali voou para a Califórnia para passar a noite no Parque Nacional Yosemite, e depois disso fez uma rápida visita ao projeto de represa de San Luis, em Los Banos, Califórnia.

Eu voaria no avião de apoio da força aérea, juntamente com a bagagem, o equipamento do gabinete de imprensa e outros funcionários da Casa Branca. Fiquei imediatamente seduzida pelo estilo sultanesco da viagem presidencial. Nada ficava ao acaso e não havia nada com que se preocupar. Disseram-me para deixar a minha mala na Casa Branca e que carro eu deveria tomar para a base da força aérea de Andrews. (O presidente não estaria conosco; ele iria de helicóptero.) Não havia preocupação com passagens, nem era preciso arrastar sacolas. Meu nome estava impresso com os dos demais em uma lista oficial de passageiros — e, se isso causou ressentimento entre outras mulheres do gabinete de imprensa que viram a lista, não fiquei sabendo. Passamos em carreata pela guarda de honra militar em direção à base da força aérea de Andrews. Descemos na pista e subimos o longo lance de escadas até o avião, onde fomos recebidos com travessas de comidas e bebidas. Fomos informados de que na chegada nossa bagagem seria entregue diretamente nos nossos quartos.

Yosemite era lindo, uma paisagem lunar, diferente de tudo o que eu já havia visto na Costa Leste, mas ali teve início um padrão ao qual, infelizmente, eu logo me acostumei. Chamei-o de o "jogo da espera". Eu ficava ali sentada, esperando até que o presidente precisasse de mim. Era esse o meu papel. Então, enquanto todos na comitiva do presidente estavam livres para circular pelo Hotel Ahwahnee — uma pousada de montanha com grandes lareiras de pedra e teto em madeira pintada, com vista para as quedas de Yosemite —, eu não saí do meu quarto.

— Fique de prontidão — Dave havia me dito quando cheguei. — Eu a chamarei quando o presidente a quiser.

Portanto, foi o que fiz: fiquei de prontidão. Sentei-me em uma cadeira e fiquei olhando pela janela, vendo uma faixa de mais de 330 metros de água cair de um despenhadeiro de puro granito a menos de um quilômetro e meio de distância. Então, conforme a noite caía e a luz do dia desvanecia, pedi o serviço de quarto e fiquei sentada sozinha, remexendo na comida, esperando que o presidente me chamasse. Ao descrever a cena hoje, parece que estou pintando uma cena melancólica. Mas, se eu acalentei qualquer pensamento de autopiedade ou solidão no meu quarto, não me lembro dele. A verdade é que eu estava vibrando por fazer parte da comitiva presidencial, vibrando por sair da sufocante Washington no meio de agosto, e, mais importante, vibrando por estar com o presidente Kennedy. O quarto que me tinha sido designado ficava a três portas da suíte dele. Esta seria a primeira noite que passaríamos juntos fora da Casa Branca.

Por volta das oito e meia daquela noite, Dave Powers apareceu e me acompanhou até o quarto do presidente. Bati na porta, e o presidente atendeu. Quando entrei, não houve nenhum abraço ou beijo. Na verdade, não me lembro de o presidente *jamais* ter me beijado — nem de cumprimento, nem de despedida, nem mesmo durante o sexo. Antes, ele me cumprimentou com um alegre "olá", parecendo quase surpreso por eu estar à porta. Então ele relaxou em uma cadeira, elogiou minha aparência e perguntou sobre o meu dia. Eu não disse nada sobre o modo como havia passado o dia no meu quarto, esperando pelo seu chamado. Finalmente, ele foi se sentar à beira da cama e tirou os sapatos. Ele precisava de ajuda para tirar a camisa para proteger suas costas e, a esse ponto do nosso relacionamento, ele estava bem consciente de que eu iria ajudá-lo sem que ele precisasse pedir. E foi o que fiz.

Não posso dizer que o nosso relacionamento tenha sido romântico. Era sexual, era íntimo, era apaixonado. Mas havia sempre uma camada de reserva entre nós, o que talvez explique por que nunca nos beijamos. O imenso abismo que havia entre nós — a idade, o poder, a experiência — garantia que o nosso caso não evoluísse para algo mais sério. E eu também não tinha ilusões de que isso pudesse acontecer.

Eu sabia qual era o meu papel e o cumpria bem. Era uma boa companhia para ele, em parte porque ele detestava estar sozinho, mas também porque ele encontrava uma mudança de ritmo em alguém como eu — jovem, cheia de energia, disposta a fazer o que ele quisesse. Nós fazíamos piada com os membros da equipe do gabinete de imprensa e comentávamos quem estava dizendo o quê sobre quem no corpo de imprensa. O presidente adorava fofoca; quanto mais picante, melhor. Também adorava rir. Um dia ele me surpreendeu ao perguntar se eu conhecia algumas canções escolares do meu tempo de Miss Porter. Era um pedido estranho, mas atendi. Quando comecei a cantar uma delas, ele começou a rir. Não era a reação que eu esperava, mas compreendi o motivo. Para além da minha voz de sapo, ele simplesmente não conseguia resistir a uma garota com algum lastro social de origem.

Os amigos nunca hesitam em perguntar se eu estava apaixonada pelo presidente Kennedy. Minha resposta cautelosa sempre foi: "Acho que não." Mas a verdade é: "Claro que sim." Parte disso era idolatria ao herói, parte era paixonite de moça, parte era emoção por estar tão perto do poder — e essa mistura era poderosa e inebriante. E havia o afago na minha autoestima, o que eu sentia sempre que estava com ele; eu simplesmente me sentia mais viva — mais especial — na sua companhia. Mas quero ser clara: eu sabia qual era a situação. Sabia que a nossa parceria não era entre iguais e que meu amor não seria correspondido. Afinal, ele era o líder do mundo livre. O líder casado do mundo livre. E eu nem tinha idade para votar.

Depois de Yosemite, nós voamos para Los Angeles e fui transferida para o hotel Beverly Hilton, em Beverly Hills. O presidente passou o sábado e a tarde de domingo com sua irmã Pat e seu cunhado, Peter Lawford, na sua casa de praia em Santa Monica, enquanto eu permaneci no hotel, fazendo o "jogo da espera", até que ele retornasse para me ver à noite. Isso não era exatamente uma dificuldade. O hotel, com seus lindos gramados e sua piscina imensa, tinha diversão mais do que suficiente para me manter ocupada.

A volta da Califórnia para Washington foi a primeira e única vez em que voei no Força Aérea Um. Na verdade, foi por uma sorte do acaso; um lugar tinha ficado vago porque um funcionário voltou para Washington mais cedo, e me ofereceram o lugar. Como era o costume para todos os passageiros do Força Aérea Um, embarquei no avião antes do presidente. Sentei-me nos fundos, bem na frente da cozinha, juntamente com outros funcionários menos importantes. Entre nós e a seção do presidente havia uma sala de reuniões, onde só os membros do círculo íntimo podiam se sentar — nesse caso, Kenny O'Donnell, Dave Powers, Pierre Salinger e Larry O'Brien, a ligação do presidente com o Congresso, bem como o secretário Udall. Os assentos eram espaçosos e felpudos, e tudo tinha o selo presidencial. Seria normal para qualquer passageiro de primeira viagem levar um suvenir — um guardanapo, um descanso de copos, uma caixa de fósforos —, mas eu não queria me sentir uma visitante comum, por isso resisti.

Acompanhei o presidente em outra viagem naquele verão, a lugares um pouco menos pitorescos que Yosemite e Beverly Hills. A corrida espacial com a União Soviética era uma prioridade na sua agenda, e ele estava determinado a fazer com que os Estados Unidos fossem o primeiro país a levar o homem à lua. Assim, o itinerário incluía as principais instalações aéreas e espaciais da nação: o Centro Nacional Aeronáutico e Espacial em Huntsville, no Alabama; Cabo Canaveral, na Flórida; o novo centro de voos espaciais em Houston; e finalmente a McDonnell Aircraft Corporation, em Saint Louis, onde foram feitas as peças para os programas Mercury e Gemini da Nasa. Foram dois dias ininterruptos de viagem com apenas um pernoite em Houston. Mais uma vez, voei no avião de apoio, que estava repleto de personalidades importantes: o vice-presidente Lyndon Johnson estava lá, bem como Cyrus Vance, secretário do Exército, James Webb, diretor da Nasa, e, um tanto incongruentemente, Arthur Godfrey, uma personalidade da TV e do rádio, que era piloto e defensor ardoroso da indústria aeronáutica.

A viagem foi uma confusão de chegadas e partidas. Minha lembrança mais vívida é a de quando o vice-presidente Johnson apareceu junto ao meu assento no trecho da viagem da Flórida a Houston. Johnson, elevando-se acima de mim, apresentou-se educadamente enquanto eu lutava para me livrar do cinto de segurança e me levantar. Quando contei ao presidente, mais tarde naquela noite no hotel, que eu tinha conhecido seu vice-presidente, ele pareceu perder a compostura por uma fração de segundo. "Fique longe dele", disse o presidente. Na época achei sua resposta estranha, mas agora me dou conta de que ele talvez tenha receado que eu tivesse saído do compartimento em que ele havia me colocado. Ele deve ter se preocupado de que um político com a astúcia de Lyndon Johnson — uma testemunha viva da máxima "conhecimento é poder" — pudesse descobrir quem eu era e por que estava a bordo, e talvez usar isso em benefício próprio.

Com a aproximação do momento em que eu teria de voltar a Wheaton para o segundo ano, implorei aos meus pais para me deixarem abandonar o curso e ficar em Washington. Eles não pareceram preocupados com o fato de eu querer abandonar a minha formação por causa de um emprego modesto na Casa Branca — isto é, se eu conseguisse um quando meu estágio terminasse. Eu não seria a primeira pessoa a ser seduzida pela proximidade do poder ou pelo glamour da administração Kennedy. Os íntimos dos Kennedy chamavam isso de "febre da Casa Branca", e, até onde eu podia dizer, todos que trabalhavam lá estavam afetados por ela. Meus pais presumiram que eu tinha me apaixonado pela política e que estava indo atrás da minha verdadeira vocação; eles certamente não suspeitavam de que eu tivesse outras razões, muito mais pessoais, para permanecer em Washington. Mas, finalmente, eles vetaram meu plano por motivos financeiros: a anuidade dos meus estudos já tinha sido paga, e eles não estavam dispostos a jogar esse dinheiro fora.

Compreendi, mas não fiquei feliz. Eu tinha vivido um verão libertador e emocionante, e a ideia de voltar para Wheaton, uma sossegada faculdade para mulheres, com regras rígidas, era deprimente.

Quando contei ao presidente sobre meus planos, ele prometeu me telefonar frequentemente quando eu voltasse para a faculdade. Quando assinalei que tal telefonema poderia lhe causar problemas, ele disse que já havia pensado nisso. Ele usaria o pseudônimo Michael Carter. Ele me provocou, dizendo que minha volta à faculdade era mais como um abandono — dele. Então colocou a versão de *Autunm Leaves* de Nat King Cole para tocar, fazendo-me prestar atenção na letra quando chegou em *Mas, sinto mais sua falta, minha querida, quando as folhas de outono começam a cair.** Ele teve um momento sentimental piegas e não teve receio de mostrá-lo.

Pouco antes de partir, comprei outra cópia desse disco. Cobri a capa com folhas que peguei no parque e dei-lhe como um presente de despedida.

— Você está tentando me fazer chorar — disse ele.

— Não estou tentando fazê-lo chorar, sr. presidente — respondi. — Estou tentando fazer com que se lembre de mim.

---

* But I miss you most of all, my darling, when autumn leaves start to fall. (N. da T.)

Capítulo Oito

Para a minha surpresa, o presidente se lembrou, *sim*, de mim.

Em meados de setembro de 1962, eu já estava de volta à escola, tendo me mudado para o dormitório das alunas do segundo ano em Wheaton, e as aulas já tinham começado. Em uma semana eu recebi meu primeiro telefonema de Michael Carter.

Mesmo com todas as reuniões e aparições públicas ao longo do dia, o presidente Kennedy dava uma média de cinquenta telefonemas diariamente, muitos deles antes de deixar a residência pela manhã ou ao retornar à noite. O telefone, ele me disse, era sua linha de comunicação com o mundo comum. Quando estávamos juntos na Casa Branca, ele estava sempre ligando para amigos, membros do Congresso, seus irmãos e irmãs. Ele era incapaz de se sentar quieto ou de não usar um momento de tempo livre para ir atrás de informações ou de uma boa risada, alguma forma de contato humano.

Ele me telefonava à noite, quando sabia que eu estaria no meu quarto e, presumivelmente, quando ele estava sozinho. Mas não havia telefone nos dormitórios; nós recebíamos ligações em uma cabine telefônica, em um quartinho no primeiro andar. O presidente ligava para esse número. Às vezes a garota a cargo do telefone gritava o nome da pessoa que estava do outro lado da linha. O sotaque de Boston do presidente fazia com que "Carter" soasse mais como "Cotta", e era esse o nome anunciado no corredor: "Mimi Beardsley, ligação de Michael Cotta para você."

Surpreendentemente, ninguém jamais reconheceu a sua voz. Quando eu atendia o telefone, ele sempre parecia completamente despreocupado quanto a ser identificado. Ele tinha uma aguda percepção do que podia arriscar, até onde podia levar seu comportamento, e em que ponto ele estaria legitimamente vulnerável ou exposto. Seu instinto de sobrevivência deve ter-lhe dito que nenhuma mulher suspeitaria que um homem chamado "Michael Carter" no telefone de um dormitório poderia ser o presidente dos Estados Unidos.

O presidente me bombardeava com um milhão de perguntas ao telefone, como se ele tivesse todo o tempo do mundo: que matérias eu estava cursando, se minhas professoras eram boas, o que eu estava lendo, se as meninas eram interessantes, sobre o que conversavam, o que eu havia comido no jantar... Era tão típico dele! Ele era um homem com temperamento incansável e inflexivelmente curioso. Cutucava qualquer um — desde os membros do gabinete até os assistentes — para que lhe fornecessem informações frescas, alguma notícia.

Evidentemente, essa curiosidade insaciável se estendia à classe do segundo ano de Wheaton. Minhas histórias sobre a vida universitária pareciam diverti-lo; ele sempre ouvia com paciência, nunca era abrupto, nunca pareceu desinteressado. Ele agia como se tivesse todo o tempo do mundo para as minhas histórias. Quando me perguntava especificamente sobre a *minha* vida social, eu resistia ao impulso de parecer mais interessante e inventar encontros com jovens que nunca aconteceram. A verdade é que eu ainda não tinha uma vida social — alguns encontros às cegas aqui e ali, mas nada que causasse uma impressão duradoura. Que aluna do segundo ano teria uma chance contra o presidente?

Talvez ele gostasse de conversar comigo justamente porque eu era tão jovem e ingênua. Não conversávamos sobre política, sobre segurança nacional ou sobre as notícias do dia. Eu não o incomodava com perguntas sobre a vida na Casa Branca ou sobre seus planos para o fim de semana. Eu simplesmente falava da minha vida e dos dilemas simples do dia a dia — a convivência com uma colega de quarto difícil ou com uma professora enfadonha —, e ele parecia encontrar algum alívio nisso.

— Quando você pode vir a Washington? — o presidente inevitavelmente perguntava ao fim de cada conversa. Então eu organizava a minha agenda e marcávamos uma data.

A partir dali, Dave Powers tomaria todas as providências. Um serviço de carro me pegaria em meu dormitório e me levaria ao aeroporto de LaGuardia, a três horas de distância. No caminho eu atualizaria minhas leituras escolares e pararia no salão de cabeleireiro em Rhode Island para lavar e pentear os cabelos enquanto o carro me esperava. Quando chegasse a LaGuardia haveria uma passagem, já paga, me esperando no balcão da Eastern Airlines, e, depois de pousar no Aeroporto Nacional (atualmente Aeroporto Reagan) em Washington, eu seria recebida por um motorista com um cartaz dizendo "Michael Carter". Dali partiríamos para a Casa Branca.

Cinquenta anos depois, penso com frequência nessa imagem: eu no banco de trás de uma limusine preta, em 1962, pondo a lição de casa em dia, ignorando o fato de que tinha 19 anos e estava a caminho da capital da nação com o propósito de pular na cama do presidente. Esse tipo de dualidade era bem a minha cara naquela época: a filha obediente checando sua lista de coisas a fazer, independentemente do que estivesse acontecendo à minha volta. Acho que eu também sabia compartimentalizar as áreas da minha vida um pouco.

Meus pensamentos só se voltavam para o presidente quando eu estava na limusine, a caminho da Casa Branca. Eu checava meu cabelo e meu rosto no espelhinho na minha bolsa, embora ainda não usasse nenhuma maquiagem ou batom. Ensaiava uma coisa ou duas que queria partilhar com o presidente. A "febre da Casa Branca" que tinha me feito querer abandonar a faculdade por um emprego em Washington não tinha desaparecido; ela estava apenas oculta, como um grande segredo que eu não podia partilhar com ninguém em Wheaton. Eu me ocupava mantendo uma média de notas B+. Estava sempre em sala de aula, na biblioteca ou no dormitório. Mas quando eu estava na ponte sobre o rio Potomac, atravessando da Virgínia para o distrito de Colúmbia, e a Casa Branca surgia à minha frente, aqueles antigos sentimentos voltavam com força. Era então que eu me dava conta da saudade que eu tinha das pessoas da Casa Branca e da vitalidade que eu sentia ali.

Estranhamente, minhas viagens a Washington nunca levantaram nenhuma suspeita entre as minhas amigas da escola. A faculdade exigia que todas as moças assinassem um livro de registro à porta da frente do dormitório sempre que deixássemos o campus, informando aonde estávamos indo, onde ficaríamos e quando planejávamos voltar. Meus professores e o reitor acadêmico estavam tão impressionados com o fato de o meu destino ser a Casa Branca que nunca questionaram onde eu ficaria. Se alguém perguntasse, eu diria que ficaria "com uma amiga em Georgetown", acrescentando que o gabinete de imprensa da Casa Branca sempre precisava de ajuda extra nos fins de semana. Embora a necessidade de ajuda na Casa Branca talvez fosse tecnicamente verdadeira, ela não o era para mim. Eu poucas vezes visitei o gabinete de imprensa nas minhas viagens para lá. Eu passava meu tempo na residência.

Na minha segunda viagem de "encontro" a Washington, em outubro de 1962, fui recebida na tarde de sábado por um presidente que não estava no seu estado exaltado de sempre. Ele estava tenso, silencioso e preocupado, com grandes bolsas escuras sob os olhos — e, na primeira meia hora em que estivemos juntos, fiquei me perguntando por que eu tinha sido chamada para estar com ele. Naquela noite, ele estava distraído e constantemente ao telefone.

Ele tinha muitas coisas na cabeça. Alguns dias antes, em 1º de outubro, após uma série de desafios legais que terminaram na Suprema Corte dos Estados Unidos, James Meredith tinha se tornado o primeiro estudante negro a ser admitido na Universidade do Mississippi. Quando Meredith se apresentou para a aula, no entanto, ele foi fisicamente impedido de entrar na universidade pelo governador do estado e pelo vice-governador, obrigando o presidente Kennedy a tomar medidas legais contra o governador e enviar militares à universidade para proteger Meredith. Houve tumultos, nos quais duas pessoas morreram, mas, por fim, Meredith assistiu à sua primeira aula em Ole Miss, e o presidente tinha mostrado sua posição diante de uma importante questão social, o que ele vinha evitando desde a posse. Em consequência disso, suas taxas de aprovação tinham disparado. Com isso, ele devia estar feliz quando cheguei.

Mas o que eu não sabia na época era que o presidente estava no meio do que viria a se tornar o mais dramático e tenso episódio da sua presidência: a crise dos mísseis de Cuba.

Depois de me despedir dele naquele domingo, não tive mais notícias suas pelas próximas duas semanas, o que era muito incomum. Eu não sabia, claro, que durante esse tempo o presidente tinha autorizado que aviões U2 de espionagem voassem sobre Cuba, revelando que os soviéticos estavam construindo, secretamente, bases para mísseis nucleares a pouco mais de 140 quilômetros do continente americano. Em 22 de outubro, a notícia foi divulgada e eu finalmente compreendi. Era uma manhã de segunda-feira na minha aula de governo comparativo quando o professor Minton F. Goldman interrompeu sua exposição para abrir um debate sobre o discurso do presidente à nação marcado para aquela noite, às 19 horas. Todos nós sabíamos que ele falaria do conflito com a União Soviética por causa dos mísseis em Cuba. Eu queria desesperadamente estar em Washington com ele, mas, como todo mundo, teria de me contentar em assistir-lhe pela televisão.

Não havia TV no meu dormitório, e por isso fui até o prédio de ex-alunos e lá, na tela em preto e branco, estava o presidente, parecendo sério como eu jamais havia visto. A tensão na sala era visível. Algumas das moças estavam de mãos dadas. Eu estava de pé nos fundos da sala, de braços cruzados. É difícil transmitir a tensão que havia no ar enquanto o presidente articulava a terrível situação em que nos encontrávamos e explicava a ameaça sem precedentes ao país. Quando ele nos lembrou de que "o maior de todos os perigos seria não fazer nada", eu olhei em volta da sala e me dei conta de que nenhuma das outras moças estava pensando o mesmo que eu.

Enquanto caminhava de volta para o dormitório, lembro-me de que não sentia medo, mas urgência. Embora eu tivesse me tornado perita em compartimentalizar a minha vida secreta na Casa Branca quando estava em Wheaton, aquele momento era diferente. De repente eu queria estar em Washington. Queria estar no gabinete de imprensa. Queria estar no meio de toda aquela energia, de todo aquele propósito. Queria participar das coisas. Essa talvez tenha sido a primeira vez em que pensei no presidente Kennedy em termos históricos (e não pessoais). Nesse momento, ele não era o meu amante, ele era o homem que tinha nas mãos a segurança da nação.

Naquela noite, telefonei para a Casa Branca e as telefonistas, que a essa altura já me conheciam bem, me colocaram em contato com Dave Powers.

Ele estava claramente sob um grande estresse e não tinha tempo para conversar.

— Nenhum de nós sabe o que vai acontecer, Mimi — disse ele bruscamente. — Entrarei em contato com você mais perto do fim de semana.

Os quatro dias seguintes passaram em câmara lenta. A crise dos mísseis de Cuba, como passou a ser chamada, estava em todos os noticiários, criando um clima de profunda preocupação em algumas regiões e de completa histeria em outras. Fomos advertidos sobre a escassez de abrigos antibombas no país. Estávamos aflitos com as estimativas apocalípticas sobre quantas pessoas morreriam em uma troca de bombardeios nucleares entre a União Soviética e os Estados Unidos. Devo admitir que eu mesma senti medo, se não pânico — e minha reação admitidamente ingênua foi a de acreditar que, se ao menos pudesse chegar a Washington, tudo ficaria bem. Não fazia o menor sentido, mas eu achava que, se pudesse estar perto do presidente e no prédio onde as decisões estavam sendo tomadas, de algum modo eu me sentiria mais segura, mais protegida.

Na sexta-feira seguinte, Dave Powers telefonou para meu dormitório. Corri para o telefone.

— Venha para Washington — ele disse. — A sra. Kennedy vai para Glen Ora. Vou mandar um carro.

Arrumei a minha mala e assinei a minha saída na manhã seguinte.

Ao passar pelo Pórtico Sul da Casa Branca, fui diretamente para o segundo andar, como de costume. Lá, Dave e eu fizemos o "jogo da espera" na sala de estar da residência, a que ficava ao lado do quarto do presidente, enquanto ele estava em reunião no andar de baixo, com um grupo de conselheiros íntimos conhecidos como EX COMM, o Comitê Executivo do Conselho Nacional de Segurança. Eles tinham se reunido na Casa Branca para tratar especificamente da crise cubana. O presidente se juntou a nós após algum tempo, mas sua cabeça estava sem dúvida em outro lugar. Sua expressão era séria. Normalmente ele teria deixado suas obrigações presidenciais para trás, tomado um drinque e se esforçado para aliviar o ambiente, deixando todos à vontade. Mas não naquela noite. Mesmo seus gracejos tinham um tom acanhado. Em certo ponto, depois de deixar a sala para atender outro telefonema urgente, ele voltou balançando a cabeça e me disse:

— Preferiria ter filhos comunistas a ter filhos mortos.

Não era uma afirmação política ou uma tentativa de parecer frívolo. Eram palavras de um pai que adorava seus filhos e não podia suportar a ideia de vê-los feridos.

Mais tarde naquela noite, ele insistiu para que Dave e eu comêssemos o frango assado, agora frio, que tinha sido preparado para nós. Quando começávamos a nos servir, Bobby Kennedy telefonou para dizer que estava a caminho. Quando chegou, eu fui para o quarto para que ele não me visse. Por esse motivo, não fui testemunha da conversa entre Dave e o presidente, como relatado na biografia de Richard Reeves, de 1993, *President Kennedy: Profile of Power* (Presidente Kennedy: perfil do poder), que resume perfeitamente o papel de Dave como "primeiro amigo". Evidentemente, enquanto conversavam, Bobby pintava um quadro sombrio e apocalíptico da crise, enquanto Dave continuava a comer.

— Meu Deus, Dave — disse o presidente —, do modo como você está comendo todo esse frango e bebendo todo o meu vinho, qualquer um pensaria que esta é a sua última refeição.

— Do modo como Bobby está falando, achei que fosse minha última refeição — disse Dave.

Quando o presidente e seu irmão desceram novamente para mais uma reunião do EX COMM, Dave me informou sobre o que estava acontecendo. O presidente estava confiante — muito mais do que Bobby — de que a crise seria solucionada pacificamente. Ele tinha acabado de enviar uma carta a Khrushchev oferecendo um fim para a quarentena naval e prometendo não invadir Cuba se ele removesse os mísseis. Feito isso, ele estava esperando, junto com o resto do mundo, pela resposta do premier soviético.

Hoje me parece surreal que eu sequer estivesse na residência presidencial naquela noite. Deus sabe que eu não pertencia àquele lugar. Mas era inebriante. Naquele momento eu preferiria estar lá a estar em qualquer outro lugar do mundo.

Mas a crise dos mísseis de Cuba abalou o equilíbrio até do "grande compartimentalizador". Embora nossos encontros fossem sempre sexualmente carregados, nessa ocasião isso não ocorreu. Dave e eu esperamos mais um pouco pelo presidente, mas sua reunião se arrastou até depois das 11 horas da noite, e por isso decidi ir para a cama. Eu estava dormindo quando ele finalmente subiu. Naquela noite ele relaxou assistindo *A princesa e o plebeu* com Dave.

Na manhã seguinte acordei cedo, precisando voltar para a faculdade. O presidente já estava acordado, sentado na cama e lidando com os telefonemas, quando dei um aceno de adeus pouco antes das oito horas. Ele estava, portanto, sozinho naquela manhã de domingo, 28 de outubro, quando foi informado de que haveria um anúncio importante de Moscou às nove horas. Eu estava sentada num trem, em algum ponto entre Washington e Providence, quando o presidente Kennedy foi informado de que os soviéticos tinham aceitado seus termos e concordado em remover seus mísseis de Cuba. Como todos na América, ele ouviu isso de um radialista de Moscou que leu a carta de Khrushchev.

O alívio na Casa Branca deve ter sido extraordinário. Aquilo tinha sido o mais próximo que havíamos chegado de uma "destruição mutuamente assegurada". Muitos dos conselheiros do presidente, eu leria mais tarde nas memórias de Pierre Salinger, tinham dormido em seus escritórios, incluindo membros do gabinete de imprensa. O próprio Pierre tinha se mudado para um hotel a um quarteirão da Casa Branca para poder revezar o plantão noturno com seus vice-secretários de imprensa. Barbara Gamarekian lembrou em uma coluna do *New York Times* em 2001 que ela tinha sido designada para o primeiro plantão noturno e tinha dormido num abrigo antibombas no subsolo. O que realmente "chamou a minha atenção", escreveu ela, foi ter recebido um cartão em um envelope branco dizendo-lhe para se apresentar no Pórtico Norte no caso de uma evacuação. Quando foi para casa na manhã seguinte trocar de roupa, uma de suas colegas de quarto estava entrando num carro e indo para a Flórida, tentando escapar de Washington. A capital da nação estava aterrorizada.

Minhas recordações são diferentes dessas. Eis como me lembro daquele dia: enquanto o presidente Kennedy se reunia com os homens que tinha escolhido para lidar com a crise, incluindo os "melhores e mais inteligentes", como o secretário de Defesa Robert McNamara e o conselheiro de Segurança Nacional McGeorge Bundy, eu dormia como um bebê, envolta em lençóis macios, num quarto no segundo andar da Casa Branca. Naquele momento, aquele me parecia o lugar mais seguro para se estar.

Capítulo Nove

Mesmo num dormitório de faculdade cheio de moças de 19 anos, não me lembro de jamais ter conversado sobre sexo com as minhas colegas, muito menos sobre sexo com o presidente. Sexo era um assunto tabu naquela época: não havia nudez no cinema, a televisão era casta e salutar; as propagandas eram bregas e honestas, se avaliadas de acordo com os padrões vulgares de hoje. Sim, havia a obra inovadora de Helen Gurley Brown, *A vida sensual da mulher solteira*, que havia sido publicada em 1962 — e vendido 2 milhões de exemplares nas primeiras três semanas de publicação —, mas o tema sexo ainda era tratado com tanto recato que seu capítulo sobre contracepção foi retirado do livro antes da publicação. Não só isso, ela era frequentemente impedida de repetir a palavra *sexo* em suas aparições na TV. De qualquer modo, eu nunca li o livro. Nem os romances picantes da época, como *Peyton Place*, de Grace Metalious, ou *The Best of Everything*, de Rona Jaffe. Esses livros eram populares naquela época justamente *porque* tratavam de sexo. Mas entre meus pares, por mais loucas por meninos que algumas de nós fôssemos, o tema sexo era tabu. Naquela época havia uma espécie de culto da manutenção de nossa virgindade, o mais possível, preferencialmente até a nossa noite de núpcias.

Eu nem tinha tido "a conversa" com minha mãe ou com a minha irmã mais velha. Minha família — é estranho lembrar isso hoje — não estava prestando muita atenção em mim. Eles me achavam uma moça bem-comportada, com um cobiçado emprego de verão na Casa Branca, e que passava o resto do ano estudando na faculdade. O meu relacionamento com a minha mãe tampouco era aberto a ponto de ela esperar que eu lhe contasse tudo, ou a procurasse com os meus problemas íntimos ou com as minhas perguntas. Muita coisa passou sem ser dita. Ela ainda tinha um filho e uma filha adolescentes em casa para criar, além de uma vida doméstica e social atribulada. Não é que ela deliberadamente me ignorasse; apenas não se preocupava comigo. Ela imaginava que eu pudesse cuidar de mim mesma.

Se eu quisesse contar a alguém, provavelmente teria contado para a minha irmã Buffy, que era quatro anos mais velha que eu e na época trabalhava em Filadélfia. Suponho que eu pudesse ter-lhe contado imediatamente após aquele primeiro encontro com o presidente Kennedy. Teria sido uma conversa desconfortável, mas eu poderia ter puxado o assunto com ela, talvez enfatizando que eu tinha perdido minha virgindade, mas sem revelar com quem especificamente. Mas essa era uma caixa de Pandora, que, uma vez aberta, jamais poderia ser fechada. Se eu tivesse lhe contado, ela teria me perseguido até que eu revelasse com quem tinha dormido, e ela então se sentiria forçada a agir diante dessa informação, o que significava que muito provavelmente teria contado aos meus pais, que exigiriam que eu abandonasse meu estágio na Casa Branca. E eu não queria isso.

Por isso preferi esconder tudo e não dizer uma palavra sequer a respeito.

É assim que começa um segredo.

Se o presidente não passasse de um caso de verão, teria sido relativamente fácil esconder o meu segredo das minhas colegas em Wheaton. Mas não era um caso. O relacionamento continuou durante o outono e o inverno, exigindo muitas viagens para ver o presidente, o que me deixava pouco à vontade diante de qualquer menção a ele. Eu receava me ver numa situação em que pudesse deixar escapar algo, por isso reagi fechando-me em mim mesma e tornando-me um tanto solitária. Eu não participava dos eventos da faculdade nem fazia amizades. Não ia para o "fumódromo" — a sala reservada para fumar, no subsolo do dormitório —, onde as meninas relaxavam fumando e fofocando. Eu quase nunca falava da minha vida. O que poderia dizer que não soasse como uma mentira? O caminho mais seguro, decidi, era permanecer em silêncio.

Porque meu objetivo primordial era proteger a minha reputação e a do presidente, eu me afastei até das minhas colegas de quarto, que também tinham sido minhas colegas em Farmington. Duvido que elas tenham notado qualquer mudança drástica na minha personalidade; eu não ficava na cama o dia todo nem ficava amuada ou suspirando dramaticamente pelos cantos. Não estava terrivelmente distraída, daquele modo apaixonado. Estava apenas afastada e de guarda, e foi uma postura que turvou meus relacionamentos com amigos por anos.

Meu relacionamento com o presidente, no entanto, manteve sua intensidade durante o inverno, pois ele continuava a me chamar à Casa Branca e solicitar minha presença em viagens presidenciais. Nem todas essas viagens foram um prazer absoluto. Uma delas, em particular, destaca-se na minha mente por maravilhosos altos e devastadores baixos.

No início de dezembro, o presidente deveria fazer um tour por 11 estados do oeste. Dave Powers me telefonou para ver se eu poderia me reunir à comitiva em Albuquerque, Novo México, no trecho final da viagem. Depois disso iríamos à casa de Bing Crosby para um necessário momento de repouso e recreação. Mais uma vez eu teria de assinar minha saída de Wheaton e viajar para Washington para pegar o avião de apoio do Força Aérea Um. Embarquei em um avião oficial da Casa Branca como civil, o que, segundo relatos na Biblioteca Kennedy, deixou pelo menos um repórter não identificado curioso sobre qual era o meu papel. (E, em retrospecto, por uma razão muito boa: uma aluna do segundo ano de faculdade no avião do presidente?) Pierre Salinger, que era o mais habilidoso no mundo em desviar as suspeitas dos repórteres, deve ter acalmado qualquer preocupação, porque nada resultou disso.

Quando chegamos a Albuquerque, eu me juntei a Fiddle numa magnífica cavalgada pelo alto deserto. Cavalgamos até o pôr do sol, então voltei ao hotel para esperar pelo presidente e por Dave Powers, e então os regalei com descrições vívidas da minha tarde enquanto jantávamos na suíte do presidente. Tinha sido um dia maravilhoso e o presidente parecia sinceramente feliz.

No dia seguinte, fomos para a casa de Bing Crosby, em Palm Springs, onde uma multidão festiva — muitos da indústria do entretenimento — tinha se reunido para cumprimentar o presidente Kennedy. Senti como se tivesse sido admitida em um maravilhoso clube secreto.

Mas então a noite se transformou num pesadelo.

Eu já tinha tido vislumbres do lado sombrio do presidente, que emergia raramente e apenas quando estávamos entre homens que ele conhecia. Era então que ele sentia a necessidade de exibir seu poder sobre mim. Embora minha admiração por ele permaneça constante até hoje, tenho dificuldade em conciliar esse aspecto sombrio da sua natureza com todas as suas admiráveis qualidades. Ao revelar hoje esse lado da sua personalidade, percebo que mais uma nota prejudicial será acrescentada ao meu relato, mas não posso apagar ou ignorar suas ações durante esses momentos mais obscuros; elas permanecem como uma mancha em minha memória.

A casa de Crosby era um rancho grande e moderno, de um só andar, no deserto, e o grupo era ruidoso. Comparado ao que eu tinha visto em Washington, aquele era outro planeta. Havia um grupo grande de pessoas, uma fechada multidão de Hollywood rondando o presidente, que, como sempre, era o centro das atenções. Eu estava sentada ao lado dele na sala de estar quando um punhado de ampolas amarelas — muito provavelmente nitrito de amilo, conhecido então como *poppers* — foi oferecido por um dos convidados. O presidente me perguntou se eu queria experimentar a droga, que estimulava o coração mas também, pretensamente, tornava o sexo mais intenso. Eu disse que não, mas ele foi em frente, quebrou a ampola e segurou-a sob o meu nariz. (O presidente, com todas as suas doenças, estava acostumado a tomar muitos medicamentos e, dizia-se, buscava energia nas anfetaminas. Mas ele não usou a droga naquela noite. Eu era a cobaia.) Poucos minutos depois de inalar o pó, meu coração disparou e minhas mãos começaram a tremer. A sensação era nova e me assustou. Entrei em pânico e saí correndo da sala, chorando, pedindo a

Deus que aquilo passasse logo, que eu estava prestes a ter um ataque cardíaco. Dave Powers, abençoado seja, correu atrás de mim e me acompanhou a um canto tranquilo nos fundos da casa, onde se sentou comigo por mais de uma hora até que os efeitos da droga passassem.

Eu não passei aquela noite com o presidente Kennedy. Ele ficou em uma suíte, hoje conhecida como a Ala Kennedy, com uma entrada particular por um dos lados da propriedade de Crosby. Ele estava sozinho? Não sei. Pela primeira e única vez desde que o conheci, fiquei aliviada por não vê-lo — e adormeci em um dos quartos de hóspedes.

Esse, no entanto, não foi meu primeiro momento sombrio com o presidente. Ele era culpado de outro episódio, mais insensível e imperdoável, na piscina da Casa Branca, durante um dos nossos banhos de piscina ao meio-dia, no fim do verão. Dave Powers estava sentado ao lado da piscina enquanto o presidente e eu nadávamos preguiçosamente em círculos, espirrando água, alegres. Dave tinha tirado o paletó e soltado a gravata no ar quente da piscina, mas estava inteiramente vestido. Estava sentado sobre uma toalha, com as pernas das calças arregaçadas e os pés descalços balançando na água.

O presidente nadou até mim e sussurrou em meu ouvido:

— O sr. Powers parece um pouco tenso — disse ele. — Você não quer cuidar dele?

Era um desafio, mas eu sabia exatamente o que ele queria dizer. Ele estava me desafiando a fazer sexo oral em Dave Powers. Não acho que o presidente acreditasse que eu o faria, mas envergonho-me em dizer que fiz. Foi uma cena patética, sórdida, e é até hoje muito difícil para mim pensar nisso. Dave estava divertido e obediente enquanto eu permanecia na extremidade rasa da piscina e cumpria minhas obrigações. O presidente assistiu em silêncio.

Por mais que eu tente, não consigo recuperar nada — nenhuma emoção ou pensamento — daquele episódio que começasse a explicar por que obedeci, sem hesitação, à ordem do presidente. Talvez eu tivesse me deixado levar pelo espírito de diversão que sentia ao lado dele. Talvez estivesse aprisionada pelo seu charme e autoridade. Sem dúvida, parte disso tinha a ver com minha própria insegurança e necessidade de ter a sua aprovação. E em parte também tinha a ver com o fato de nós três nos sentirmos íntimos uns dos outros — do modo como os membros de uma conspiração se sentem ligados às pessoas com quem estão conspirando. Dave Powers e eu estávamos umbilicalmente ligados um ao outro pela devoção que tínhamos pelo presidente Kennedy e pelo papel essencial que Dave tivera na promoção desse relacionamento ilícito. E agora o homem que possuía nossa completa lealdade tinha ido longe demais. Havia abusado emocionalmente de mim e humilhado Dave. Para quê? Para assistir à minha apresentação para ele e para mostrar a Dave o quanto ele nos controlava?

Eu fiquei profundamente constrangida depois disso; saí da piscina e fui para o vestiário. De lá ouvi Dave falar num tom ríspido, como nunca o tinha visto usar com seu patrão.

— Você não devia tê-la mandado fazer isso — disse Dave.

— Eu sei, eu sei — ouvi o presidente dizer.

Mais tarde, um repreendido presidente Kennedy pediu desculpas a nós dois.

Eu tenho um profundo afeto por Dave Powers, que morreu em 1998, aos 85 anos de idade, depois de passar três décadas como curador do museu da Biblioteca Kennedy em Boston. Ele foi um dos homens mais divertidos que já conheci, e não era nenhum tolo. Ele misturou primorosamente sua personalidade jovial com um compromisso sério e total com o presidente. Richard W. Stevenson, que escreveu o obituário de Dave no *The New York Times*, captou-o perfeitamente com esta história.

> *Indagado sobre o momento mais difícil que tinha enfrentado na política, ele respondeu com uma história sobre ter se esquecido de levar sapatos pretos para acompanhar o terno azul de Kennedy na Convenção Nacional dos Democratas em 1952, obrigando Kennedy a fazer um discurso televisionado usando sapatos marrons.*
>
> *"Quando acabou", disse o sr. Powers mais tarde, "para ajudá-lo a relaxar, eu disse: 'sr. senador, era uma multidão de sapatos marrons, se é que eu já vi uma'".*

Esse foi o Dave Powers que conheci; um homem dedicado a JFK a ponto de ficar abatido quando seu chefe teve de usar sapatos marrons com terno azul em um programa de televisão em preto e branco — mas conseguiu salvar o dia, e a sua dignidade, com uma piada espirituosa. Mas também sinto compaixão por Dave. Eu só posso imaginar algumas das muitas tarefas desagradáveis que ele teve de cumprir a mando do presidente — porque sei o que ele teve de fazer quando essas tarefas me envolviam.

Uma das obrigações perturbadoras que Dave precisou cumprir por minha causa ocorreu poucas semanas depois de eu voltar para Wheaton, no outono de 1962. Eu estava cada vez mais preocupada com a possibilidade de estar grávida, e quando "Michael Carter" telefonou, eu lhe disse isso. Eu estava preocupada, disse-lhe. Minha menstruação estava duas semanas atrasada. O presidente recebeu a notícia sem se aborrecer, mas ele não devia se sentir surpreso. Eu não sabia nada sobre contracepção, e ele nunca usava proteção comigo (seja pelo seu catolicismo ou por mero descuido — isso eu nunca soube ao certo).

Uma hora mais tarde, Dave Powers telefonou para o dormitório e me colocou em contato com uma mulher que tinha informações sobre um médico em Newark, Nova Jersey. Naquela época o aborto era ilegal, mas se você tivesse dinheiro e ligações com um médico solidário, conseguiria fazer um com relativa facilidade. Telefonei para a mulher, me identifiquei e recebi o nome e o número do telefone do médico. Dave deve ter pedido a alguém — pelo menos um pouco distante dele — para alertá-la a aguardar meu telefonema. Qualquer ligação entre o presidente Kennedy e um médico praticante de aborto seria explosiva. Mesmo o dócil corpo de imprensa da Casa Branca não conseguiria desviar os olhos dessa história.

Esse era Dave Powers: ele lidou com o problema imediatamente e com uma praticidade cruel. Não se falou sobre o que eu queria, nem como eu me sentia, ou quais poderiam ser os riscos médicos. E ainda bem que foi assim. Sempre que eu tentava me sentar, respirar fundo e pensar em quais eram as minhas opções me dava um branco. Eu não tinha os elementos necessários para enfrentar a minha situação racionalmente — e, sem ter ninguém com quem conversar a respeito, caí num estado de alta ansiedade.

Por fim, era um alarme falso. Eu nunca entrei em contato com o médico de Newark. Minha menstruação veio alguns dias depois e eu esqueci o assunto. Nem Dave nem o presidente jamais o mencionaram novamente.

Apresso-me a reforçar que, na maior parte do tempo que passei com o presidente Kennedy, ele era um homem doce, atencioso e generoso. Ele me animava sempre que eu estava com ele, e tenho certeza de que quase todo mundo na Casa Branca se sentia da mesma maneira. No entanto, ele tinha, sim, os seus demônios, e com os vislumbres que tive de seu lado mais sinistro, arrepio-me só em pensar que outros serviços de limpeza Dave Powers deve ter precisado fazer para o seu chefe. Dave parecia ser uma pessoa boa demais para se sentir bem em qualquer dessas tarefas, mas, se ele ajudava a tranquilizar o presidente, suspeito que não perdesse muito o sono por causa disso. No que dizia respeito ao presidente, não creio que o primeiro impulso de Dave Powers fosse distinguir o certo do errado.

Uma semana antes do Natal, fui ao encontro do presidente nas Bahamas, onde ele se reunia com Harold Macmillan, o primeiro-ministro britânico. Dessa vez eu não fui no Força Aérea Um nem no avião de apoio da Casa Branca. Alguém no gabinete de imprensa, provavelmente Chris Camp, deve ter reclamado para Pierre Salinger ou o advertido do interesse da imprensa na minha presença nos voos oficiais. Em vez disso, peguei um voo comercial com um bilhete pré-pago, o que para mim estava ótimo. Era dezembro em Massachusetts, e eu estava ansiosa para pegar sol no clube Lyford Cay, onde a comitiva do presidente ficaria.

Viajar sem cobertura oficial do gabinete de imprensa trazia uma ligeira complicação. Eu precisaria permanecer invisível o tempo todo que estivesse em Lyford Cay; ninguém poderia saber que eu estava lá. Isso era bem fácil de fazer, quando eu estava relaxando sozinha na minha luxuosa vila, ou quando Dave Powers vinha para me levar à noite até a casa alugada pelo presidente, após seus compromissos oficiais. A maioria das pessoas da Casa Branca estava em quartos na sede do clube, portanto as idas e vindas entre os meus aposentos e os do presidente não eram foco da atenção de ninguém.

Mas quando chegou a hora de partir para o aeroporto, na sexta-feira, Dave Powers cometeu um erro tático pouco característico. Eu iria para o aeroporto no carro de Dave e nós iríamos até a casa do presidente juntamente com o resto da comitiva. Depois seguiríamos em carreata até o aeroporto. Dave, no entanto, estava determinado a me manter invisível. Ele me disse para sentar na frente — não só isso, mas me agachar no chão do carro para que ninguém me visse. Ele havia se esquecido, no entanto, de que eu tinha 1,73m. Eu fiz o melhor que pude para caber debaixo do painel, mas quando a carreata parou diante da vila do presidente para pegá-lo, eu fui vista.

Foi assim que Sally Bedell Smith descreveu a cena em seu livro *Grace and Power*, com base no relato de Barbara Gamarekian:

> *Quando Kennedy estava deixando Nassau, na tarde de sexta-feira, Mimi Beardsley literalmente reapareceu. "Quando a comitiva de carros parou na frente da casa para pegar o presidente", relembrou Barbara Gamarekian, Pierre Salinger e sua assistente Chris Camp "viram o topo de uma cabecinha acima da porta" e "acharam que havia uma criança sentada no banco da frente do carro. Chris disse a Pierre: 'Quem é aquela criança?', e eles foram até lá e olharam para dentro do carro, e ali, sentada no chão,*

estava Mimi! Ela estava sentada no chão do carro para não ser vista por ninguém. Ela tinha estado [em Nassau], aparentemente, por vários dias. Eles deram uma olhada, se afastaram e não disseram nada".

A questão é a seguinte: tudo na passagem anterior é, sem dúvida, verdade. Eu estava lá e posso confirmar sua veracidade. Mas não estava consciente de nada disso enquanto me encontrava escondida debaixo do painel no sol quente. Eu não ouvi as pessoas falando do lado de fora da janela, não percebi as pessoas esticando o pescoço para dar uma olhada no topo da minha cabeça. Eu simplesmente obedeci a Dave Powers. Eu me agachei e — como tantas vezes fiz — esperei.

Por que Dave sentiu necessidade de me esconder, para começo de conversa, é algo que ainda me espanta. O presidente iria de Nassau para Palm Beach. Se eu devia permanecer um segredo, então por que estava na lista de passageiros do avião de apoio para a Flórida, junto com Dave Powers, Kenny O'Donnell, Llewellyn Thompson, o embaixador dos Estados Unidos na União Soviética, e tantos outros? Por que me permitiram sentar nos fundos do avião, à vista de todos, durante o voo de volta para casa?

Eu insisto nesse incidente porque ele revela algumas das peças que a memória nos prega.

Por outro lado, ele mostra como as pessoas têm diferentes motivações não apenas para aquilo de que se lembram, mas para o modo como decidem dividir o que é lembrado. Barbara Gamarekian contou essa história porque "foi quase um flagra", um momento em que ela e os outros ficaram mais próximos da evidência de que o presidente estava tendo um caso comigo.

Para mim o incidente destaca como a manutenção de um segredo colore — mas não esvazia — a nossa memória. Ele nos força a ser seletivos, nem que seja por autopreservação. Se eu não tivesse lido esse parágrafo sobre mim no livro de Bedell Smith, acho que não teria me lembrado do incidente no chão do carro dessa forma — como um destaque cômico da minha viagem naquela semana. Eu me lembraria de como aqueles três dias no sol do Caribe foram luxuosos e decadentes comparados à hibernação na Nova Inglaterra com as minhas colegas de classe. Eu me lembraria de como o presidente estava relaxado e do quanto era incomum eu passar três noites consecutivas com ele. Eu me lembraria dos comentários da minha família sobre o meu bronzeado quando voltei para casa para o Natal. Mas, quanto a ficar abaixada no carro, eu apaguei da minha memória, como muitos de nós faríamos ao nos confrontarmos com uma humilhação desnecessária do nosso passado. Só me recordei disso quando li a respeito.

Eu hoje me dou conta de que sofri duas humilhações naquele dia. A primeira foi ter de me esconder no carro. A segunda foi que as pessoas do gabinete de imprensa sabiam sobre mim, comentavam nas minhas costas e riam de mim.

Fico imaginando qual das duas é a humilhação maior, mas não tenho dúvidas de por que guardei meu segredo por tanto tempo. Eu não o estava guardando apenas das pessoas à minha volta. Estava escondendo partes dele de mim mesma.

Capítulo Dez

— Eu conheci alguém — contei ao presidente no inverno de 1963. Falei de forma provocadora, mas também com um tom de orgulho, já que eu raramente tinha algo de peso para relatar sobre a minha vida social quando ele perguntava. E ele sempre perguntava. — Fui ao Williams College num encontro às escuras.

— Williams! — exclamou ele. — Como pôde?

— Nem todo mundo vai para Harvard, sr. presidente.

Durante essa conversa em particular — o presidente tinha me telefonado em Wheaton — ele me pressionou para dar detalhes, mas após um único encontro eu não tinha muitos para contar. Tudo o que eu podia dizer era que meu encontro tinha sido "bem legal".

O presidente continuou a fingir estar chocado.

— Ah, Mimi — disse ele —, você não vai me *deixar*, vai?

— É claro que não — garanti-lhe, e era verdade. A ideia de me desligar do presidente nunca tinha me passado pela cabeça. Mas passaria com o tempo.

O rapaz em questão era Tony Fahnestock, um aluno do último ano em Williams. Só mais tarde ele me contaria que seu convite para que eu fosse com ele ao Winter Carnival* da faculdade não passara de uma manobra vergonhosa. Ele não estava interessado em mim; o que ele queria era conhecer minhas lindas colegas loiras, Wendy Taylor e Kirk Dyett.

Eu tinha visto Tony uma vez antes, a distância, quando tinha 16 anos e trabalhava como babá, no verão de 1959. Nós estávamos no Seabright Beach Club, em Nova Jersey, e ele estava sentado com um grupo de rapazes e moças de 18 anos sob um guarda-sol listrado de verde e branco enquanto eu cuidava para que meus pequenos protegidos não se afogassem na piscina de bebês. Uma diferença de dois anos é uma enorme lacuna quando se é adolescente. Lembro-me de ver o grupo de Tony na ociosidade, rindo, e invejar sua tranquila sofisticação, e imaginar se algum dia eu poderia ser como eles. Fiquei portanto surpresa quando ele me telefonou, do nada, em Wheaton; eu jamais achei que iria reencontrá-lo.

A primeira coisa que notei quando ele me pegou no terminal de ônibus em Pittsfield, Massachusetts, foram seus olhos castanho-escuros, com formato de meia-lua. Eles lhe davam um olhar terno e lânguido. Ele era 5 centímetros mais alto que eu, o que era um alívio para alguém da minha altura. Não era impetuoso, barulhento, exageradamente confiante e não falava de si mesmo em excesso. Era tranquilo e sério, e gostei disso imediatamente.

Tony ficou ocupado com exames especiais para o Departamento de Estado durante a maior parte do fim de semana; estava pensando em se juntar à CIA. Nosso encontro foi basicamente no baile de sábado à noite, em que tive de persuadi-lo a ir para a pista de dança. Surpreendemo-nos um ao outro porque

* Winter Carnival é um evento de inverno comum nos Estados Unidos, com barraquinhas de comida e brincadeiras. (N. da T.)

nos demos bem desde o começo, a ponto de Tony logo se esquecer das minhas lindas colegas e começar a se concentrar apenas em mim. Eu soube que algo especial estava acontecendo quando ele insistiu em me levar de carro até Wheaton, no domingo, numa viagem de quase três horas no trânsito do fim de semana, em vez de me despachar no terminal de ônibus de Pittsfield.

Isso era tudo o que eu sabia sobre Tony quando disse ao presidente Kennedy que eu tinha "conhecido alguém". Se eu estava ansiosa por ter um namorado sério ou se sentia que Tony era "o cara certo", não sei dizer. O que eu sabia com certeza era que, pelo menos no papel, Tony era o parceiro perfeito para mim — e eu para ele. Nossas famílias eram semelhantes, bem de vida, e membros dos mesmos tipos de clubes. Tony tinha frequentado um bom internato — o Brooks — e existiam perspectivas brilhantes para o futuro. Eu tinha sido criada para estar com alguém como ele.

Nas semanas seguintes, visitei Tony em Williams duas vezes — e então ele começou a vir a Wheaton para me ver. A sensação de ter um namorado tão dedicado a mim era nova. Era forte e inebriante, e também profundamente desconcertante — porque fazia com que eu me confrontasse com meu relacionamento contínuo e unilateral com o presidente. Embora Tony e eu não estivéssemos "firmes", como se costumava dizer sobre um relacionamento sério, não havia dúvida, na minha cabeça, de que ele era meu namorado, e um namorado muito desejável. Eu sabia que em algum ponto eu teria de tomar uma decisão sobre o presidente. Mas ainda não estava pronta para isso.

Conforme o inverno se desfez na primavera, comecei a ver Tony praticamente todo fim de semana, fosse em Williams ou em Wheaton. Nós não tínhamos um relacionamento íntimo àquela altura. Ele nunca me pressionou a fazer sexo.

Embora seu comportamento cavalheiresco fosse muito atraente, essa situação criava um enigma para mim. Eu me sentia fisicamente atraída pelo Tony *e* tinha aprendido os prazeres da intimidade sexual com o presidente Kennedy. Isso criava em mim o desejo de algo mais que os amassos nos dormitórios e carros. Mas pressionar Tony para fazer sexo teria levantado perguntas; moças como eu não faziam essas coisas naquela época. Eu talvez tivesse de explicar por que não era minha primeira vez, e essa não era uma conversa que eu quisesse ter.

Quando eu não passava os fins de semana com Tony, passava-os com o presidente. Tony não ficava curioso — nem levantava desconfianças — sobre minha outra vida em Washington. Por que ficaria? Quando começamos a namorar, eu já havia passado um verão inteiro na Casa Branca — e já o tinha advertido de que ainda era necessária no gabinete de imprensa mesmo estando na faculdade. Ele não apenas aceitou essa mentira, como ficou impressionado com ela. Uma vez, depois de eu lhe dizer que talvez retornasse à Casa Branca para um segundo estágio de verão, Tony orgulhosamente me apresentou ao seu professor preferido em Williams, Frederick Rudolph. O dr. Rudolph, um eminente historiador, estava se mudando para Washington naquele verão para um ano sabático, e Tony queria que ele soubesse que eu também estaria lá, trabalhando na Casa Branca.

Até então, eu nunca tinha sido uma pessoa falsa. Que eu me lembre, tinha mentido uma única vez — para minha mãe, sobre um vestido pouco atraente que ela queria que eu levasse numa viagem. Eu disse a ela que o tinha levado comigo, mas na verdade o deixei para trás, no meu quarto. Minha mentira foi descoberta quando ela encontrou o vestido. Além disso, eu me considerava uma pessoa moralmente centrada, alguém que sabia distinguir o certo do errado. A maioria das pessoas pensa isso de si mesma, suponho; achamos que somos seres humanos decentes. Mas eu considerava minha honestidade um aspecto que definia minha personalidade, um valor central. Eu não era uma santa, mas se alguém me pedisse para identificar minhas virtudes como pessoa, eu teria dito que eu era boa, que queria que gostassem de mim, que ansiava por agradar, e que eu falava a verdade. Era importante para mim que eu nunca tivesse magoado alguém com uma mentira.

Agora eu estava ficando muito envolvida com o meu primeiro namorado de verdade — e no centro do relacionamento havia uma grande e contínua falsidade. Uma mentira. Mentir é inevitável quando se está comprometido a manter um segredo. A mentira se torna um pecado de omissão, não de comissão, mas ainda assim uma mentira.

Pela primeira vez, me dei conta de que a minha vida secreta com o presidente poderia ter consequências para outra pessoa além de mim. Antes de eu conhecer Tony, meu segredo era um problema só meu; não tinha impacto sobre ninguém que eu conhecesse. Se eu o mantivesse até a morte, ninguém ficaria mal. Mas isso estava mudando conforme a relação entre mim e Tony se tornava mais séria. Confiança seria essencial.

Em pouco tempo eu estava pensando em Tony constantemente. Comecei a sonhar acordada, coisa que toda jovem com um novo namorado fazia; o delicioso prazer culpado do "bem me quer, mal me quer". Eu até treinava escrever *sra. Anthony E. Fahnestock* ou *Mimi Fahnestock* nas margens do meu caderno. Com Tony eu comecei a pensar que tínhamos um futuro juntos. Com o presidente eu comecei a me dar conta de que o meu envolvimento, embora forte, não tinha para onde ir; era ao mesmo tempo real e ilusório.

Não consigo localizar o momento ou o lugar exato em que me dei conta de que Tony Fahnestock era o homem que eu amava. Com frequência me pergunto por quê. É possível que eu já soubesse, mas tivesse simplesmente esquecido. Mas também é possível que, ao esconder a verdade completa de quem eu era, eu também estivesse me controlando, o que me impedia de experimentar a excitação de me apaixonar. Esse foi apenas um dos muitos custos do meu segredo. Eu não desejaria isso para ninguém.

E, no entanto, estar com o presidente e receber sua atenção exclusiva era como tomar uma dose de autoestima incrivelmente poderosa. E é difícil nos livrarmos desse hábito. Apesar das humilhações e das incertezas, eu continuava encantada pelo seu carisma e pelo glamour de viajar com a sua comitiva. Minha vida nos dormitórios da faculdade, o jantar no refeitório, as festas da fraternidade, as lições de casa e as idas ao cinema empalideciam se comparados ao Força Aérea Um, aos resorts no Caribe, ao serviço secreto e às limusines.

Em termos simples, eu estava levando duas vidas e apreciando as duas.

Em meados de março de 1963, eu acompanhei o presidente ao sul da Flórida. Ele iria tirar um fim de semana para relaxar na propriedade da família em Palm Beach antes de ir para a Costa Rica para se reunir com líderes da América Central. Não seria apropriado que eu ficasse na casa, e por isso Dave Powers reservou um quarto para mim em um motel cor-

-de-rosa na South Dixie Highway, a oeste de Palm Beach, onde eu fazia o "jogo da espera" pela manhã e depois, à tarde, o presidente mandava um carro me buscar e nós desfrutávamos juntos algumas horas relaxando na piscina. À noite, o presidente e Dave saíam para navegar no iate da família, o *Honey Fitz*, e eu voltava para o motel. No dia seguinte, cumpríamos a mesma rotina.

Depois que o presidente partiu para a Costa Rica, eu permaneci no motel por mais dois dias antes de voar de volta para Nova York. Foi uma pausa agradável. Agradável demais, na verdade. Eu fiquei deitada ao sol por tempo demais num dia e tive uma insolação. Sentindo-me febril e nauseada, entrei em pânico. Sem saber o que fazer, localizei Dave Powers na Costa Rica e telefonei para pedir ajuda. De lá ele ligou para a recepção do motel — que ficava a menos de 25 metros do meu quarto — e instruiu-os a cuidar de mim, enquanto eu fazia um regime de banhos frescos e muita água. Se eu não tivesse tido a insolação, teria sido um agradável recesso escolar no meio do inverno. Mas as bolhas no meu peito eram insuportáveis, impedindo-me de dormir por mais de uma hora em sequência. Por anos depois disso, sempre que eu saía ao sol, meu peito queimava e me lembrava daquele episódio.

Surpreende-me hoje que eu não ficasse mal-humorada por ter de me mover entre meu quarto de motel — onde passei a maior parte do meu tempo naquele fim de semana, assistindo TV — e o ambiente suntuoso da propriedade dos Kennedy, onde sempre parecia estar acontecendo uma festa. Acho que eu deveria ter me sentido humilhada pela experiência, como se eu fosse uma cidadã de segunda classe que tivesse de ficar escondida. Mas, na verdade, não me lembro de ter me sentido assim; nas minhas lembranças me vejo contente por estar lá, inebriada que estava pelo presidente.

Esse inebriamento continuou mesmo quando meus sentimentos pelo Tony se tornaram mais intensos. Se eu estava confusa pela minha ligação com dois homens, eu estava mascarando bem. Naquela primavera eu planejei deixar Wheaton após o fim do segundo ano, passar um segundo verão como estagiária no gabinete de imprensa, e depois ficar em tempo integral em Washington, onde certamente algum emprego excitante me aguardava. O presidente estaria concorrendo à reeleição em 1964, e achei que eu poderia trabalhar na sua campanha. Fiddle tinha feito a mesma coisa três anos antes. Ela tinha deixado a faculdade para trabalhar na primeira campanha presidencial de Kennedy, e certamente estava crescendo profissionalmente.

Dessa vez meus pais não tentaram me persuadir a terminar a faculdade. Não era incomum, naquela época, que as moças fizessem um curso de dois anos ou deixassem a faculdade antes da formatura para casar ou trabalhar. Tony também aprovou o plano.

Eu estava tão enfeitiçada pela minha vida na Casa Branca que não queria que ela terminasse.

Se eu soubesse, então, quanta animosidade eu estava gerando entre as mulheres do gabinete de Pierre Salinger, talvez não me sentisse tão ansiosa para voltar. Quando li os relatos de Chris Camp e Barbara Gamarekian na Biblioteca Kennedy, os poucos parágrafos a meu respeito foram verdadeiramente devastadores. "Mimi não tinha habilidades. Não sabia datilografar", lembrou-se Barbara Gamarekian. "Ela podia atender o telefone e lidar com as mensagens, mas não era realmente de grande valia para nós."

Chris Camp também foi dura, descrevendo-me como uma "favorita do presidente", cujas "competência, habilidade e capacidade para manter um emprego no gabinete de imprensa não eram imediatamente perceptíveis a qualquer um que estivesse associado a ela. [...] Ela fazia o que podia, mas não era uma datilógrafa; não sabia taquigrafia; não era hábil em serviços de escritório e estenográficos. Em outras palavras, estava preenchendo uma vaga que poderia ser ocupada por alguém com as habilidades necessárias".

Até onde eu sei, Chris não desgostava de mim pessoalmente; pelo menos ela se referia a mim como uma "moça muito agradável". Mas claramente se ressentia de mim em termos profissionais. As viagens no avião presidencial eram o supremo sinal de mérito no gabinete de imprensa, e no seu entender eu não havia feito nada para merecê-las. Chris tinha trabalhado duro por muitos anos — na equipe do Senado do presidente — para conseguir sua posição e, muito justamente, ressentia-se da facilidade com que eu tinha conseguido meu assento no Força Aérea Um. Em seu relato, ela, referindo-se a mim, afirmou que havia dito a Pierre mais de uma vez para "tirá-la do avião da imprensa, tirá-la do Força Aérea Um [...] e não a coloque nas carreatas".

Barbara Gamarekian, por outro lado, obviamente não gostava de mim e também estava aborrecida com a facilidade com que eu tinha passado à frente do revezamento normal de pessoal nas cobiçadas viagens presidenciais. "Mimi, que obviamente não conseguia desempenhar nenhuma função, fazia todas as viagens", disse ela.

Barbara estava errada. Eu não fazia "todas as viagens", e não posso me desculpar hoje por ter estado lá. Minha maior frustração, na verdade, foi ter perdido a viagem do presidente à Europa, em junho de 1963, quando ele fez seu icônico discurso *Ich bin ein Berliner* [Eu sou um berlinense], de frente para o muro de Berlim, e depois continuou triunfantemente para a Irlanda, a Inglaterra e a Itália. Em seu relato, Gamarekian insiste que eu me comportei como uma menina mimada por ter ficado para trás nessa viagem — e que telefonei para o presidente aos prantos quando ele estava na Irlanda para reclamar que Helen Ganss, a mulher que havia ficado no comando do gabinete de imprensa, não me daria folga naquela sexta-feira. O presidente ficou "furioso" depois do meu telefonema, disse Barbara, e falou a Dave Powers que se "ele estivesse em Washington, Helen Ganss seria demitida neste exato instante".

Esse telefonema nunca aconteceu. Foi Helen Ganss, e não eu, quem telefonou para o presidente para lhe dar algumas informações e eu soltei um lamento de brincadeira ao fundo porque não estava na viagem. Foi a isso que ele reagiu, e foi em tom de gracejo. Por que eu não estava na viagem?, ele quis saber. Quem havia me impedido de ir? Helen diplomaticamente disse que não sabia, o que o presidente aceitou. Ninguém foi demitido — e eu não ganhei a folga.

Eu conto esse episódio tolo porque a história de Barbara agora faz parte do registro público e já está chegando às recentes biografias do presidente. Mas o que ela diz não é verdade. Eu posso ter sido uma jovem ingênua e às vezes tola, mas jamais incomodaria o presidente com uma reclamação pessoal tão mesquinha.

Já a amargura de Gamarekian talvez se justifique. Quando voltei para o meu segundo verão na Casa Branca, o presidente disse claramente a Pierre que eu deveria substituir Barbara como responsável pelas sessões de fotos no Salão Oval, e Pierre obedeceu. Isso certamente não agradou a ela. O acesso ao Salão

Oval era o Santo Graal na Ala Oeste, e uma "garotinha do gabinete", como ela me descrevia, tinha tirado isso dela.

Enfim, não culpo — não posso culpar — nem Chris nem Barbara por suas opiniões severas sobre mim. Aquela primeira viagem a Yosemite — na qual passei horas aprisionada no meu quarto, esperando que o presidente me chamasse — me ensinou que a minha principal função tinha deixado de ser integrar a equipe de Pierre Salinger, eu passara a ser parte da comitiva pessoal do presidente. Eu, na verdade, não estava ajudando no trabalho do gabinete de imprensa. Eu estava lá para o presidente Kennedy — e não para Barbara, Chris ou qualquer outra pessoa.

No início de junho, pouco antes de me mudar para Washington para o verão, acompanhei os pais de Tony à sua formatura em Williams. Meu comparecimento registrava oficialmente que nosso relacionamento era "sério". Pouco depois, Tony foi para a reserva do exército para treinar em Fort Dix, em Nova Jersey, enquanto eu havia me organizado para dividir com duas amigas íntimas de Farmington, Marnie Stuart e Wendy Taylor, um apartamento que ocupava um andar inteiro, na rua R, em Georgetown. Marnie tinha conseguido um emprego na sede do Corpo da Paz, por meio de ligações familiares, enquanto eu ajudei Wendy a arranjar um emprego no departamento de presentes da Casa Branca. (Eu pedi ajuda ao presidente, que estava sempre disposto a ajudar moças de Farmington.)

Por causa das minhas novas obrigações com as fotos no Salão Oval, eu via o presidente quase todos os dias em que ele estava na Casa Branca naquele verão. Mas nem de longe eu dormia na residência como no ano anterior, porque a sra.

Kennedy estava esperando outro filho para o fim de agosto, e o presidente passava muito mais tempo com ela e com os filhos em Hyannis Port. Comecei também a ampliar minha vida social, e Marnie, Wendy e eu passávamos muito tempo juntas. Nós até fomos nadar na piscina da Casa Branca, onde conheceram o presidente. Dave tinha nos convidado para nadar, e lá estávamos em maiôs emprestados, quando o presidente chegou trajando, como de costume, terno e gravata. Em pouco tempo, ele tinha colocado sua roupa de banho e estava flutuando com Marnie e Wendy, perguntando sobre seus empregos de verão, se estavam gostando de Washington, de onde eram etc. Eu devia tê-las avisado de que o presidente provavelmente fosse aparecer, mas queria surpreendê-las. O espanto e a excitação no rosto delas quando ele surgiu valeu a pena. Mas até eu fiquei surpresa quando o presidente pediu que uma caixa de peles de animais fosse levada até a piscina. Ele explicou que planejava dar à sra. Kennedy um xale de pele no Natal, e queria a opinião das três moças de Farmington sobre qual era a pele mais macia.

Uma das coisas que não fiz com Marnie e Wendy naquele verão — e lamento terrivelmente — foi participar do grande comício pelos direitos civis no Lincoln Memorial, no qual eu teria ouvido o dr. Martin Luther King Jr. proferir ao vivo seu discurso "Eu tenho um sonho". Eu tinha planejado ir, e disse isso ao presidente. Ele disse que poderia haver violência, e por isso não fui.

No dia 7 de agosto, uma quarta-feira, a sra. Kennedy entrou em trabalho de parto no Cabo, e deu à luz, com cinco semanas e meia de antecedência, um garotinho chamado Patrick Bouvier Kennedy. O bebê tinha síndrome do desconforto respiratório, uma ocorrência que não era incomum em bebês prematuros e com pouco peso. Embora Patrick tenha sido atendido pelos melhores médicos, ele viveu apenas um dia e meio.

Eu nunca tinha presenciado um verdadeiro sofrimento na minha relativamente curta vida até que vi o estado do presidente ao retornar à Casa Branca, enquanto a sra. Kennedy se recuperava por mais alguns dias no hospital. Ele me convidou para o segundo andar e nos sentamos na varanda, no suave ar noturno de verão. Havia uma pilha de cartas de condolências no chão, ao lado da sua cadeira, e ele pegou cada uma e as leu em voz alta para mim. Algumas eram de amigos, outras de desconhecidos. De vez em quando, com as lágrimas rolando pelo rosto, ele escrevia algo em uma das cartas, provavelmente notas para uma resposta. Mas a maioria ele apenas leu e chorou. E eu também.

No fim de agosto, Tony me ligou de Fort Meade e me implorou para ir vê-lo, porque ele não teria a folga no fim de semana e estava morrendo de saudades de mim. Expliquei que teria de voltar para casa, em Nova Jersey, para comemorar o aniversário da minha mãe, mas ele foi inflexível.

A estada de Tony em Fort Meade, em Maryland, a apenas uma hora de viagem de Washington, era resultado de uma única vez em que pedi um favor ao presidente para meu próprio benefício. Como Tony estava chegando ao fim do seu treinamento básico em Fort Dix, ele soube que estava sendo encaminhado, pelos seis meses seguintes, para Fort Polk, na Louisiana. Isso significava que jamais conseguiríamos nos ver, e por isso pedi ao presidente que fizesse algo a respeito. Estávamos no Salão Oval. Eu chorava enquanto explicava a situação. Nessa altura eu sabia que estava apaixonada por Tony e que o queria mais próximo de Washington — e de mim. A princípio, o presidente fez piada, falando do grande prazer que ele sentia em tirar seu concorrente de cena. Mas ao ver minhas lágrimas de tristeza, ele rapidamente mudou de tática. Disse que conversaria com seu assistente militar do exército, o major-general Chester Clifton, e, em alguns dias, Tony foi transferido para o Fort Meade, em Maryland.

Agora Tony estava insistindo para que eu fosse vê-lo naquele fim de semana.

— Preciso lhe contar uma coisa — ele disse.

Ele foi tão insistente que fiquei preocupada. Será que ele tinha descoberto meu segredo? Teria decidido romper comigo? Dei uma desculpa para a minha mãe, dizendo que teria de fazer hora extra na Casa Branca naquele fim de semana, e peguei um ônibus para Fort Meade. Tony tinha me pedido para levar um almoço para um piquenique, o que ajudou a aliviar meus temores sobre suas motivações. Sentados sobre seu desgrenhado cobertor do exército, servi-me de salada de galinha e esperei para ouvir o que se passava pela sua cabeça.

Ele foi direto ao ponto.

— Eu quero me casar com você — disse ele. — Casa comigo?

Eu não estava esperando uma proposta de casamento, mas precisei de apenas um segundo para processar a pergunta. "Sim!", respondi. Eu praticamente saltei em cima dele e o beijei com o máximo de intensidade que podia.

Existem muitas razões para as pessoas dizerem sim a uma proposta de casamento. Amor deveria ser a primeira razão, e a minha era. Mas também há a necessidade de segurança e estabilidade. Eu tinha acabado de completar 20 anos no mês de maio e achava, como os jovens acham, que estava lidando com muitas coisas desconhecidas. Onde eu iria trabalhar após o verão? Como resolveria a situação com o presidente? Onde eu moraria depois que Marnie e Wendy voltassem para a faculdade? Quando eu voltaria a encontrar um "bom partido" como o Tony?

Ao me casar com Tony, eu estava optando pela minha segurança. E talvez estivesse agarrando a chance de escapar de uma enlouquecedora vida dupla. Mas eu estava fazendo exatamente o que as meninas da minha geração e do meu círculo social tinham sido criadas para fazer: naquela época, quando você ia para um internato como o Miss Porter ou para uma faculdade como Wheaton, era inevitável que você fosse convidada a passar fins de semana em Williams, Brown ou Amherst, onde você poderia encontrar um bom rapaz que estudava em Brooks, Groton ou Andover. O resto era por sua conta. Ao me casar com Tony, eu estava, de certo modo, cumprindo o meu destino.

Isso explica por que meus pais receberam a notícia do meu noivado com prazer, em vez de choque, e por que não se preocuparam nem por um segundo sequer que eu pudesse ser jovem demais para casar. Afinal de contas, minha mãe tinha se casado com meu pai aos 21 anos. Por mais engraçado que pareça, foram minhas amigas Marnie, Wendy e Kirk que ficaram completamente chocadas com a rapidez do meu noivado. Pude ver isso no rosto delas, mas eram educadas demais para dizer qualquer coisa na época. Somente muito mais tarde elas partilhariam o que *realmente* estavam pensando quando lhes dei a notícia: *Quem é esse cara? Você só o conhece há oito meses! E agora vai se casar?*

Tony me deu um anel de noivado extravagante, desenhado a partir de duas safiras ovais que tinham sido abotoaduras do seu avô, cercadas por diamantes do alfinete de gravata, também do seu avô. O anúncio de noivado saiu no *The New York Times* em 8 de setembro de 1963, e, ao lado das informações obrigatórias sobre as escolas que frequentamos e a origem das nossas famílias, foi mencionado o meu emprego no gabinete de imprensa da Casa Branca.

Se o presidente teve alguma apreensão em relação ao meu noivado, não mencionou. Ele me deu um presente de noivado: dois pequenos broches em ouro e diamante, no formato de sóis. Escondi-os e nunca os mostrei a Tony ou a nenhum de meus amigos. Mais tarde naquele outono, no entanto, peguei-os para mostrar ao presidente como ficavam em um vestido amarelo e sem mangas que eu tinha comprado numa liquidação em Georgetown. Foi a única vez que os usei.

O presidente também me deu uma fotografia de si mesmo, a icônica imagem colorida dele no leme de seu barco, *Manitou*. Na Casa Branca, Fiddle era exímia em falsificar sua assinatura nos pedidos de foto autografada, mas esta ele assinou na minha presença.

"Para Mimi", ele escreveu, "com minhas mais calorosas considerações e profunda gratidão". Ele estava sorrindo quando a entregou a mim.

— Só você e eu sabemos o que realmente significa — disse ele.

Marnie e Wendy voltaram para a faculdade em setembro. Eu permaneci no apartamento da rua R por mais dois meses, para encerrar o meu trabalho no gabinete de imprensa e para tentar romper o meu relacionamento com o presidente. O que eu não percebi na época — e só vim a me dar conta disso ao escrever este livro — foi que eu não precisava terminar com o presidente. À sua maneira astuta e elegante, ele estava rompendo comigo.

O presidente me pediu para acompanhá-lo em viagens mais duas vezes naquele outono. Houve um grande tour de estados do meio-oeste e do oeste, de Minnesota a Nevada, no fim de setembro, e uma pequena viagem à Nova Inglaterra, onde ele receberia um título honorário na Universidade do Maine. Na sequência dessa segunda viagem, eu voei de Washington em outro avião de apoio da força aérea para encontrá-lo em Boston, onde ele era o destaque de um evento para arrecadação de fundos promovido pelos democratas naquela noite de sábado. Convidei Wendy para vir de Wheaton e se juntar a mim na suíte do presidente no Sheraton Plaza Hotel antes do seu discurso.

Após um dia tipicamente cheio, que incluiu assistir a um jogo de futebol entre Harvard e Colúmbia em Cambridge e visitar o túmulo do seu filho no Cemitério de Brookline, o presidente estava relaxando em um sofá quando cheguei, aproximadamente às 18h30. Ele usava um smoking elegante com lapelas pontudas para o evento de arrecadação de fundos. Ted Kennedy, então no segundo ano do seu mandato como senador dos Estados Unidos, estava na sala também, ouvindo provocações do presidente sobre a lapela antiquada do seu smoking.

Minha lembrança mais vívida daquela noite foi um momento pouco antes de Wendy chegar, quando o presidente, mais uma vez, tentou exibir seu poder sobre mim em frente a outros homens. Eu podia ver aquele seu olhar malicioso, aquele que aparecia quando estava a ponto de desafiar alguém a fazer algo que nunca tinha sonhado em fazer.

Eu me preparei.

— Mimi, por que você não cuida do meu irmãozinho — disse ele diante de Teddy. — Seria bom pra ele relaxar. — Era Dave Powers na piscina da Casa Branca outra vez.

Dessa vez eu senti um lampejo de raiva. E pela primeira vez o enfrentei.

— O senhor só pode estar brincando — disse. — De jeito nenhum, sr. presidente.

Ele imediatamente encerrou o assunto.

Por anos, eu pensei na minha resposta como uma espécie de ponto de virada na minha vida. Eu vinha me esforçando, desde o meu noivado, para descobrir um modo de pôr fim ao nosso relacionamento, e ali estava eu finalmente me afirmando, finalmente dizendo não. A sensação foi agradável. Por boa parte da minha vida, eu pensei nesse momento como o instante em que o nosso relacionamento realmente começou a se desfazer.

Numa visão tardia, no entanto, percebi que o nosso relacionamento começou a se desfazer muito antes de Boston — e foi o presidente Kennedy quem tomou a dianteira. Ao me forçar a registrar as ocasiões e as datas em que estivemos juntos, me dei conta de que o presidente e eu tínhamos deixado de ser parceiros sexuais no fim do verão daquele ano. Durante a viagem de cinco dias pelo oeste, em setembro, não passei noite alguma com ele. Quando estive em Boston, em outubro, dormi na minha própria cama no hotel.

Hoje é fácil entender como eu não percebi isso. Uma explicação é o fato de que, ao longo do verão, eu tinha visto o presidente praticamente todos os dias. Tomei como certo que estava na sua vida. Esse é um testemunho de como eu valorizava tanto estar na sua presença — estar *perto dele,* em vez de *com ele* — que não me dei conta de que ele já não precisava mais de mim para sexo. O presidente estava modificando o nosso relacionamento, e eu não estava percebendo.

A morte trágica do seu filho no início de agosto e o meu noivado com Tony três semanas mais tarde eram sinalizadores cruciais. O primeiro deve tê-lo enchido não apenas de tristeza, mas de um aflito senso de responsabilidade com a esposa e a família. Mesmo um irreprimível dom Juan como ele pode achar improvável continuar suas infidelidades quando sua família tanto necessitava da sua presença. Quanto ao meu noivado com Tony, pode ser que o presidente se sentisse mal em continuar a dormir comigo agora que eu estava formalmente envolvida com outro homem. Seja qual tenha sido a razão, estava claro para mim que ele obedecia a algum código privado que superava seu despreocupado desejo de sexo — pelo menos comigo.

Até o fim daquele verão, continuei a ver o presidente todos os dias no Salão Oval e a entrar e sair da sua órbita privada. Continuei a nadar na piscina com ele. Não houve nenhuma mudança na nossa consideração pessoal um pelo outro, ou na sua receptividade. Mas agora que eu me dou conta de que ele vinha terminando o nosso relacionamento sexual, acho agradável — e consolador — perceber que o nosso contato contínuo e inalterado é a prova de que eu não era apenas um brinquedo para ele, de que ele apreciava a minha companhia e de que, se ele tivesse vivido mais tempo, eu poderia ter sido alguém que ele quisesse em sua vida, alguém que pudesse trabalhar para ele depois de seu mandato, alguém que ele consideraria, de uma forma pequena mas significativa, uma amiga.

Talvez eu esteja me lisonjeando.

* * *

A última vez em que vi o presidente Kennedy foi na cidade de Nova York, no hotel Carlyle.

Meu casamento estava marcado para o início de janeiro, e no fim de outubro eu voltei para casa, em Nova Jersey, para cuidar das minhas responsabilidades de noiva: terminar a lista de convidados, enviar os convites, montar meu enxoval, registrar os presentes e escolher os vestidos das minhas damas de honra.

Eu tinha sido escalada para uma última viagem com o presidente antes do meu casamento. Hesitei quanto a ir, sem saber ao certo como dizer aos meus pais que eu teria de partir por uns dias apesar de tantas providências a tomar para o casamento.

— Diga a eles que o gabinete de imprensa está implorando a sua presença — sugeriu Dave. Mas não foi preciso. Dave telefonou alguns dias depois para dizer que os planos tinham sido alterados. Eu já não estava mais escalada para essa viagem. Em vez disso, Dave pediu que eu fosse a Nova York no dia 15 de novembro, quando o presidente estaria na cidade para discursar na convenção da AFL-CIO* no Hotel Americana. — Ele estará no hotel Carlyle — disse Dave — e realmente deseja vê-la.

Eu programei alguns afazeres associados ao casamento para esse dia na cidade e fui ao Carlyle por volta das 13 horas. A família Kennedy possuía uma ampla cobertura duplex nos dois andares superiores do hotel, um dos maiores da cidade. A cobertura estava ensolarada e tinha uma gloriosa vista de Manhattan, o que foi uma boa distração para mim já que, mais uma vez, eu estava presa em um hotel fazendo o "jogo da

---

* The American Federation of Labor and Congress of Industrial Organizations — Federação Americana do Trabalho e Congresso de Organizações Industriais. (N. da T.)

espera". Eu estava a ponto de ir embora quando ele chegou e disse que tinha um presente de casamento para mim. Ele colocou a mão no bolso e me deu trezentos dólares.

— Vá fazer compras e compre algo fantástico para você — disse ele. — Depois volte e me mostre.

Trezentos dólares era muito dinheiro naquela época. Eu me sentia vulnerável carregando aquela quantidade de dinheiro ao descer a Madison Avenue e virar na Sixtieth Street em direção à Bloomingdale. Pedi à vendedora para me indicar a seção das roupas mais caras, que era no terceiro andar. Embora eu adorasse comprar roupas, nunca tinha feito isso com o equivalente a um cheque em branco. Eu nunca havia pago mais de cinquenta dólares por nada na minha vida, mas me senti obrigada a gastar cada centavo do presente do presidente. Finalmente me decidi por um tailleur de lã cinza-claro, com gola preta de veludo, com uma saia lápis na altura dos joelhos. Não foi uma compra muito criativa, admito.

O presidente pareceu um pouco desapontado quando, de volta ao Carlyle, vesti o tailleur para mostrar a ele. Acho que ele queria que eu comprasse algo mais ousado, não um terninho de lã, não algo que fosse a própria definição do conservadorismo.

Ele me tomou em seus braços para um longo abraço e disse:

— Eu gostaria que você viesse comigo para o Texas. — E depois acrescentou: — Vou lhe telefonar quando eu voltar.

Fui tomada de uma súbita tristeza.

— Lembre-se, sr. presidente, eu vou me *casar* — eu disse.

— Sei disso — respondeu ele, e deu de ombros. — Mas vou telefonar mesmo assim.

Então eu me despedi, entrei num táxi e peguei o trem de volta para Nova Jersey.

Eu esperava que o presidente compreendesse que nosso relacionamento estava mudando para um novo terreno por causa do meu casamento. Eu pretendia dizer a ele no Texas que aquela seria minha última viagem o acompanhando. Por outro lado, fiquei um pouco desapontada por ter sido descartada da lista. Mas entendi o motivo: a sra. Kennedy tinha decidido ir a Dallas com seu marido.

Capítulo Onze

O aniversário de 23 anos do Tony caiu numa quarta-feira, dia 20 de novembro, e por isso ele veio de Fort Meade dirigindo seu fusca azul para me encontrar na casa dos meus pais. Naquela noite, nós comemoramos com um bolo de aniversário e passamos o dia seguinte fazendo os últimos ajustes na lista de convidados dos Beardsley. Na sexta-feira, fomos de carro a Manhattan para pegar alguns vestidos. Nós planejávamos seguir até a casa dos pais dele em Southport, Connecticut, para passar a noite e finalizar os convites dos Fahnestock.

Ao sairmos de Manhattan, a caminho de Connecticut, paramos para abastecer na esquina da York Avenue com a Sixty-first Street, justo à entrada da rodovia FDR — Franklin Delano Roosevelt. Quando voltei do banheiro feminino, Tony estava no assento do motorista, com a cabeça inclinada num ângulo estranho na direção do rádio do carro, como se precisasse absorver cada palavra do que o locutor estava dizendo. Ele se virou para mim com os olhos arregalados, numa expressão terrível que eu nunca havia visto.

— O presidente Kennedy levou um tiro — disse ele.

Sentamo-nos no carro enquanto absorvíamos a notícia dada pelo rádio. Não havia muito a informar ainda. O presidente estava vivo e tinha sido levado às pressas para o Parkland Memorial Hospital, em Dallas. Seu estado era desconhecido. Havia outros feridos. Então chegou um relatório mais funesto da agência internacional de notícias UPI — United Press International, afirmando que os ferimentos do presidente "podiam ser fatais". Eu sabia que UPI significava Merriman Smith, um respeitado correspondente da Casa Branca que eu havia visto com frequência no gabinete de imprensa.* Sua voz me fez pensar em Pierre e Fiddle. Onde estariam eles? Será que Dave estava bem? Onde estaria Chris Camp? (Eu soube mais tarde que ela estava em Dallas, no Força Aérea Um, datilografando um discurso que o presidente faria naquela noite em Austin.) Naquele momento era mais fácil me concentrar nos membros da equipe do que tentar compreender o que tinha acontecido com o presidente.

Pelo para-brisa eu podia ver outras pessoas na rua acabando de receber a notícia. Elas se moviam lentamente, como se estivessem em transe, muitas com as mãos na boca para abafar os soluços.

Eu me sentia presa no carro. Queria saltar, mas para onde iria? Disse ao Tony, que ainda olhava para o rádio:

— Vamos indo. — Eu precisava me mexer, me distrair.

Tony seguiu para o norte pela rodovia FDR em direção a Connecticut. Não falávamos nada, deixando que o rádio preenchesse o silêncio. Tinham sido disparados três tiros. O governador do Texas, John Connally, que se encontrava no carro com o presidente, também estava ferido. A polícia procurava por um homem branco que vestia uma camisa branca e uma calça

---

* Smith ganharia o Prêmio Pulitzer em 1964 por sua reportagem sobre o assassinato de Kennedy.

Levi's, cujo rifle tinha sido avistado de uma janela do depósito de livros escolares do Texas, que ficava próximo ao local.

Então, às duas horas da tarde, veio outro boletim, este oficial: o presidente estava morto.

A princípio eu não acreditei. A notícia era repentina demais, muito pouco tempo depois do boletim esperançoso que dizia que ele tinha sido atingido, mas estava vivo e a caminho do hospital. Enquanto o locutor falava, eu podia perceber, pelo tom da sua voz — mais que triste, desesperada —, que era mesmo verdade. Esse foi o meu próprio momento: "Onde você estava quando o presidente Kennedy morreu?" Eu estava em um carro com o meu noivo, prestes a mergulhar em um período de torpor emocional que, para mim, era inédito.

Minha cabeça estava repleta de imagens do presidente na última vez que o vi, havia apenas sete dias, no Carlyle. Ele tinha me abraçado e dito que me telefonaria quando voltasse do Texas. Olhei para Tony e vi um estranho — alguém com quem eu jamais poderia partilhar esses pensamentos, essas lembranças. Eu nunca havia lhe contado nada sobre o nosso relacionamento. Ele nunca o tinha conhecido. Tony e eu não tínhamos uma base comum para chorar a morte do presidente nem para falar sobre ele. De repente me senti isolada e afastada do homem com quem estava prestes a me casar.

O mundo corria do lado de fora das janelas enquanto nos aproximávamos de Southport, Connecticut. Tony estendeu a sua mão e apertou a minha, em solidariedade, mas eu mal senti. Abri a janela do lado do passageiro e tentei inalar o ar frio de novembro. Outros boletins chegavam. O presidente tinha sido atingido na cabeça.

Eu temia entrar na casa e ver meus futuros sogros. Os Fahnestock eram republicanos leais, do tipo que se divertia depreciando o presidente, e suas farpas pioravam quando tinham uma bebida na mão. A hora do coquetel já tinha começado quando paramos à entrada da casa deles, na Sasco Creek Road, por volta das quatro da tarde, mas a morte do presidente parece ter tido um efeito de moderação, mesmo neles. O sr. Fahnestock me deu um longo abraço, o que era incomum. Disse algo agradável sobre o presidente, reconhecendo que eu o conhecia e que talvez estivesse sofrendo mais do que a maioria das pessoas.

— Nós abrimos o bar um pouco mais cedo hoje, Mimi — disse o sr. Fahnestock.

Ele me entregou um copo de Dewar's.

— É disso que você precisa — ele disse.

A televisão no escritório estava ligada, mas o sr. e a sra. Fahnestock não pareciam interessados em mais notícias. A mãe de Tony insistiu para que nos sentássemos e conversássemos na sala de estar, cuja vista dava para Southport Harbor, como se nada tivesse acontecido. Era bizarro. O acontecimento mais grave em uma geração estava recebendo cobertura total na televisão e no rádio, e meus futuros sogros o ignoravam. Eles preferiam falar de amenidades sobre o nosso casamento. Eu me lembro de estar sentada ali, mas não ouvir uma palavra do que a sra. Fahnestock dizia.

Eu me debatia com minhas emoções naquela noite. Queria me levantar e ir assistir à televisão. Queria saber tudo. Meu torpor tinha sido substituído por um enorme sentimento de perda, não apenas por mim mesma, mas por todas as pessoas da Casa Branca, especialmente Dave Powers. O que ele faria sem o presidente? Passamos da sala de estar para a de jantar, para o tradicional frango assado das noites de sexta-feira, e a situação ficou quase insuportável. Também pensei nos meus pais, mas falar com eles exigiria um caro telefonema interurbano, e por isso abandonei a ideia. Eu os veria no dia seguinte, de qualquer modo.

Às nove e meia da noite, aproximadamente, os Fahnestock finalmente foram para a cama, levando consigo a bebida de costume. Tony e eu fomos para o escritório e assistimos à televisão. Ele se deitou no sofá e eu me sentei bem de frente para a TV, no chão. Todos os canais estavam dando a notícia, apresentando continuamente a sequência de imagens em preto e branco do presidente e da sra. Kennedy chegando a Dallas, a sra. Kennedy recebendo um buquê de rosas, a carreata saindo do aeroporto.

Felizmente não havia uma gravação do momento no qual os tiros de fato ocorreram. (Isso, é claro, viria mais tarde.) Assim, os âncoras das redes de TV, como Walter Cronkite, passaram a mostrar fotografias dos Kennedy sorrindo e rindo no carro, depois o presidente levando a mão à garganta, quando a segunda bala o atravessou e feriu o governador Connally. Não havia imagem do último tiro, que estilhaçou a cabeça do presidente. A fotografia mais indelével daquele dia foi a de Lyndon Johnson fazendo o juramento de posse no Força Aérea Um, com a sra. Kennedy ao seu lado, em seu tailleur manchado de sangue. Essa famosa fotografia foi tirada por Cecil Stoughton, o mesmo fotógrafo da Casa Branca que havia feito a minha foto de noivado, apenas dois meses antes, como um favor pessoal.

Eu não estava calma, mas também não estava perdendo o controle, mesmo ao assistirmos às imagens ao vivo, granuladas, do Força Aérea Um pousando naquela noite na base da força aérea de Andrews, retornando do Texas com o corpo do presidente. Ouvi o sr. Fahnestock descer para encher novamente seu copo.

— Só um trago — disse ele, olhando para nós.

Aquilo a que Tony e eu, assim como a nação inteira, estávamos assistindo era lento, triste e surreal. Somente quando vi o caixão descer do avião aceitei finalmente que o presidente Kennedy estava morto. O que me fez perder o controle foi a imagem de Dave Powers com a sua mão sobre o caixão, de pé à frente dele, como se guardasse o presidente, e depois levantando-o com outros auxiliares para colocar na ambulância da Marinha que aguardava.

Eu me lembro de ter levantado do chão, parando ao lado entre Tony e a TV. Eu chorava, olhando para a tela da TV e de volta para Tony, alternando entre a imagem do presidente morto e a do meu noivo.

Minhas lágrimas se transformaram em soluços violentos e torturantes, e Tony ficou preocupado. Até onde ele sabia, eu era apenas alguém que tinha passado dois verões no gabinete de imprensa, portanto minha reação deve ter parecido exagerada.

— Você está bem? — perguntou ele.

Balancei a cabeça negativamente.

— O que está *acontecendo* com você? — indagou ele.

Eu não conseguia responder. Meus olhos passavam da TV para Tony, como se eu estivesse assistindo a uma partida de tênis. Era confuso. Mas eu tinha certeza de que Tony conseguia enxergar através de mim e compreender por que eu estava chorando. Tinha certeza de que ele finalmente entenderia por que ele estava em Fort Meade, em Maryland, e não na Louisiana — de que ele sabia por que o presidente tinha intercedido em seu favor. Eu tinha certeza de que ele estava fazendo a ligação entre esse pequeno favor e o meu relacionamento com JFK. Toda a culpa que eu vinha sentindo por enganar Tony veio à tona enquanto eu passava da imagem de Tony relaxando no sofá às imagens do presidente na tela da TV.

Meu sentimento de culpa crescia a cada segundo. Eu estava convencida de que Tony não apenas via, mas compreendia tudo completamente — e que isso tinha feito girar as rodas da suspeita na sua cabeça.

Ele sabe tudo, pensei. *Eu preciso dizer a verdade e ser honesta com ele.* Eu não estava pensando claramente. Tenho certeza disso. Mas eu não tinha ideia de como terminaria a cena que eu estava a ponto de criar.

— Eu preciso lhe contar uma coisa — disse.

— O quê?

— O presidente...

— O quê? — ele interrompeu.

— É mais do que você pensa...

— O quê?

— Eu não sou tão inocente quanto você pensa.

— Quê?

— Existe um motivo pra eu ter deixado a escola.

— Quê?

— Deixe-me terminar, por favor.

Parei de chorar e tentei compor meus pensamentos.

— Eu era mais íntima dele...

— O que você está me dizendo... que você dormiu com o presidente Kennedy?

Não sei como ele saltou da minha angústia para a minha infidelidade, mas acenei que sim, aliviada por não precisar dizer as palavras em voz alta.

Então o tom de Tony se transformou numa dura interrogação.

— Desde quando? — ele perguntou.

— Desde o ano passado.

— Mesmo depois de me conhecer?

Assenti.

— Mesmo depois de ficarmos *noivos*?

Assenti novamente.

— Quantas vezes?

— Não sei. Muitas.

Então veio o silêncio. Acho que Tony se deu conta de que, quanto mais perguntas ele fizesse, mais sofrimento infligiria a si mesmo. Uma primitiva sensação de autoproteção surgiu e ele ficou quieto, afastando-se de mim e olhando fixamente para a TV.

Virei de costas para ele por um segundo e depois me virei e sentei no meu lugar no chão, perto dos seus pés, com as costas contra o sofá. Eu esperava que ele pusesse a mão no meu ombro, que fizesse algo para me consolar, que dissesse que me perdoava.

Claro, era esperar demais. (Se nossos papéis fossem invertidos, sei que eu não o perdoaria tão facilmente.) Fiquei olhando, ausente, para a tela da TV, esperando por um gesto de consolo que nunca veio.

Eu tinha finalmente partilhado meu segredo com alguém. Mas não houve uma catarse, não houve alívio. Eu tinha apenas trocado um problema por outro, talvez com consequências maiores. Eu havia magoado Tony.

Após alguns minutos, Tony se levantou, desligou a TV e disse:

— Vou para a cama.

Desligar a TV foi um sinal de que eu também devia subir, mas não conseguia me mexer do sofá. Queria ficar sozinha e organizar meus pensamentos. Tentei entender o que eu tinha acabado de fazer, e como isso poderia afetar Tony. Eu estava aterrorizada diante da ideia de tê-lo perdido, de que na manhã seguinte ele cancelaria nosso noivado. Revi a cena entre nós, reprovando-me por ter sido tão honesta e brusca com ele, por despejar a notícia em cima dele tão repentinamente. Compreendi que um melhor caminho teria sido me agarrar ao meu segredo, me controlar e planejar uma abordagem mais refletida, em um momento mais apropriado, em que a notícia seria menos devastadora — se é que podia ser menos devastadora. Mas a morte do presidente e a escalada de emoções desconhecidas e poderosas que vinha sentindo me impeliram. Eu não podia omitir a verdade. Não tinha escolha senão contar tudo para o Tony.

Eu não tinha ideia do que aconteceria em seguida — ou o que Tony diria na manhã seguinte. Honestamente, eu não o culparia por dizer que nunca mais queria me ver.

Nós estávamos dormindo em quartos separados na casa dos Fahnestock, assim como havíamos feito na casa dos meus pais em Nova Jersey; esse era o costume na época para casais não casados, mesmo os que estavam noivos. Fechei a minha porta e me deitei na cama, completamente sem sono, com o coração aos pulos. Eu já não pensava no presidente Kennedy — e na imensa tristeza da sua morte. Estava preocupada com as 12 horas seguintes.

Havia um banheiro ligando o quarto de hóspedes, onde eu estava, e o pequeno quarto de Tony. Ouvi a porta do banheiro se abrir para o meu quarto e o avistei no vão de entrada. Sem dizer nada, ele puxou as cobertas, subiu na minha cama e, sem uma palavra, iniciou nosso primeiro encontro sexual. Eu estava tão desesperada para mantê-lo que não opus resistência. Foi impetuoso e desajeitado — e eu não tinha ideia de como me comportar, não sabia como expressar minha tristeza por tê-lo magoado nem como oferecer o meu amor para curar sua dor. Ele então saiu do quarto tão abruptamente quanto entrou. Eu fiquei ali deitada, estupefata. Hoje me dou conta de que ele estava reclamando seu direito a mim assim como o presidente tinha feito muitos meses antes. Era sexo, mas não havia amor.

A manhã seguinte foi bizarra. A vida que eu conhecia com Tony há apenas 24 horas tinha sido lançada pela janela, substituída por uma irritadiça formalidade e estranheza. À mesa do café com seus pais, falamos de amenidades: sobre a logística do casamento e o clima. Por incrível que pareça, não se falou da morte do presidente.

Tony e eu partimos depois do café da manhã. Ele me deixaria em casa, em Nova Jersey, e seguiria para Fort Meade. Viajamos num silêncio sepulcral. Os quilômetros foram passando sem que Tony olhasse na minha direção uma única vez.

Quando deixamos a Garden State Parkway, a poucos quilômetros da minha casa, Tony de repente parou em uma praça de telefones públicos. Pela primeira vez desde que tínhamos saído de Southport, ele falou comigo.

— Passe-me o número do telefone da Casa Branca — disse ele.

Eu disse o número automaticamente — 202 National 8-1414 — sem entender por que ele o queria ou o que iria fazer. Ele repetiu o número para si mesmo, saiu do carro e foi para o telefone. Quando voltou, afirmou ter dito ao gabinete de imprensa que ninguém na Casa Branca deveria voltar a fazer contato comigo.

Eu hoje percebo que ele deve ter mentido. O presidente tinha acabado de ser morto. A mesa telefônica da Casa Branca sem dúvida nenhuma estava congestionada com chamados e, mesmo que ele tivesse conseguido a ligação, não posso imaginar que alguém no gabinete de imprensa atendesse, muito menos desse atenção a uma mensagem de um estranho raivoso sobre a insignificante Mimi Beardsley. O gabinete de imprensa estava lidando com a morte de um presidente e o primeiro dia da posse de outro; certamente eles estavam ocupados. Mas eu estava tão traumatizada no momento que acreditei nele.

Então o trauma tornou-se permanente.

Sentado no acostamento da estrada, Tony acrescentou outra camada de segredo ao meu caso com o presidente. Colocou como uma condição para o nosso casamento.

— Você jamais vai contar a ninguém o que me contou ontem à noite — disse ele. — Nem a seus pais, irmãs, irmãos ou amigos. Ninguém. Nunca.

Eu vinha segurando as lágrimas a manhã toda, mas a soma da minha culpa com a raiva de Tony e o medo de que nossos planos de casamento — minha futura vida — estivessem desmoronando à minha volta me fizeram começar a soluçar.

— Você está me ouvindo? — ele disse.

Eu estava transtornada demais para abrir a boca. Fiquei olhando à frente e assenti com a cabeça.

— Ótimo — disse ele.

Fiquei aliviada quando ele voltou à estrada. Entendi que as palavras dele significavam que, se eu lhe obedecesse, o casamento prosseguiria. Não haveria escândalo, desgraça, explicações chorosas sobre o motivo de o casamento ter sido cancelado.

Tony tinha assumido o controle e eu realmente estava agradecida por isso. Ele não permitiria que nada alterasse seus planos, e seu plano no momento era se casar. Por muito tempo gostei de pensar que ele estava me protegendo ao exigir o meu silêncio, mas vim a compreender que ele estava protegendo apenas a si mesmo e seu ego. Minha revelação o tinha constrangido. Ele deve ter odiado o fato de eu ter me entregado ao presidente antes de me entregar a ele. Deve ter se sentido humilhado por eu ter continuado a ver o presidente mesmo depois de nos conhecermos. Deve ter sentido que jamais estaria à altura de alguém tão carismático e poderoso. Talvez tenha sentido até mesmo que eu estava debochando dele. Por isso sua reação era compreensível. Ele estava magoado.

Mas eu também estava sofrendo. O presidente que eu havia conhecido, admirado, e, sim, até mesmo amado ao meu próprio modo errado, estava morto e eu não tinha ninguém com quem falar sobre ele, ninguém com quem pudesse partilhar meu sofrimento. E agora eu estava sendo obrigada a apagá-lo da minha vida, a agir como se ele nunca tivesse existido. Na noite passada eu já tinha tido um vislumbre da força negra que meu segredo podia desencadear em Tony. Afinal, eu não havia contado a ninguém por um ano e meio, e a primeira vez que o revelei tinha provocado nada mais que raiva, recriminação, violência sexual e vergonha.

É de admirar que eu tenha concordado tão facilmente com a exigência do Tony?

Eu frequentemente penso naquele momento no carro, mesmo hoje. Por anos eu vi o ultimato do Tony, assim como o segundo convite de Dave Powers para eu ir à residência do presidente, como outro acontecimento central na minha vida. Mas só recentemente, ao escrever este livro, eu me dei conta de que essa era uma falsa impressão. E era falsa porque eu não tinha nenhum espaço de manobra. Revendo a situação, percebo que eu tinha apenas duas opções: concordar em manter o segredo ou desfazer o noivado. Não me parece que isso fosse uma opção, nem agora nem na época.

E se eu nunca tivesse contado a Tony, para começo de conversa? Não tenho certeza de que isso tivesse sido possível, tendo em vista o tamanho da minha agonia quando eu lhe contei. Mas se eu *tivesse* conseguido, eu hoje conheço bem os efeitos tóxicos de se manter um segredo vergonhoso e sei que isso teria me corroído por dentro no dia do nosso casamento, na nossa lua de mel, e no dia em que dei à luz nossa primeira filha, e a cada outro dia significativo do nosso relacionamento. Não contar a ele não era uma opção.

Nós poderíamos ter conversado mais honesta e racionalmente sobre isso. Na verdade, Tony e eu *deveríamos* ter conseguido falar a respeito, e se houve um momento para isso, foi ali no carro, no acostamento da estrada. Seria a coisa adulta a fazer, com certeza. Eu poderia ter desviado a sua exigência de manter segredo e dito: "Não podemos varrer isso para debaixo do tapete. Nós precisamos de ajuda com isso. Precisamos conversar a respeito." Mas nós éramos tão jovens — eu tinha 20 anos e Tony, 23 — e não tínhamos as ferramentas emocionais necessárias para falar sobre aquilo. Não ocorreu a nenhum dos dois que enterrar o problema não o faria desaparecer.

Só posso imaginar o quanto Tony deve ter se sentido arrasado e traído, e que a melhor maneira de lidar com essa dor era simplesmente apagá-la. Da minha parte, eu sentia uma enorme insegurança e vulnerabilidade. Meu maior temor era a ideia de fracassar no simples ato de me casar. Eu não apenas teria de contar à minha família e aos meus amigos que o casamento tinha sido cancelado, mas como explicaria nossa súbita mudança sem mencionar o presidente?

Portanto, quando Tony me deu uma abertura para salvar o nosso noivado — tudo o que eu tinha a fazer era nunca mais falar sobre o presidente Kennedy —, eu a agarrei imediatamente como um salva-vidas. Isso não era perdão. Mas permitiu que seguíssemos em frente. Foi por isso que concordei em permanecer em silêncio. Se esconder tudo sobre o presidente mantivesse Tony em minha vida e me salvasse do constrangimento, eu poderia viver com isso.

Os quatro dias seguintes na casa de meus pais foram dominados por uma cobertura ininterrupta da morte do presidente em todos os canais de televisão. Minha irmã mais nova e meus pais permaneceram colados ao aparelho na nossa biblioteca, mas eu me esforcei ao máximo para evitá-lo. Em vez disso, ajudei minha mãe na cozinha, preparando as refeições que todos, menos eu, comiam diante da televisão. Era impossível não ver cenas das enormes multidões passando pelo caixão coberto com a bandeira, na rotunda do Capitólio, a notícia do assassinato de Lee Harvey Oswald em Dallas, o cortejo fúnebre em Washington até a Catedral de St. Matthew's, os irmãos Bobby e Ted caminhando atrás do vagão puxado a cavalos, a continência do pequeno John, o rosto sensível da sra. Kennedy, indeciso entre o choro e a estoica dignidade, no Cemitério Nacional de Arlington, enquanto soavam os 21 tiros de canhão e o Força Aérea Um fazia um voo de despedida. Mas eu me determinei a não sentir nada enquanto as imagens passavam. Não chorei nem derramei uma só lágrima; nem uma vez.

Se minha mãe e meu pai ficaram confusos com meu desprendimento e meu estoicismo, nunca disseram nada. Não me perguntaram por que eu nem tinha tentado ir a Washington para testemunhar o acontecimento. Parte de mim, claro, desejava desesperadamente estar lá, chorar com todos os meus amigos na Casa Branca. Mas eu estava determinada a honrar a exigência de Tony.

Tony, por sua vez, estava concluindo o serviço militar, o que nos manteve afastados por boa parte do tempo antes do casamento. Mas, mesmo quando estávamos juntos, por mais que eu tentasse negar, o tom do nosso relacionamento estava diferente. Nós sempre fomos leves e divertidos um com o outro, como se não tivéssemos uma única preocupação no mundo. Agora eu sentia nele um desconforto furtivo, como se estivesse constantemente me analisando e me vendo em falta. Eu atribuía isso à sua justificável raiva, mas achava — esperava — que aquilo se desvaneceria com o tempo e com a alegria do nosso casamento e da nossa lua de mel.

Tony e eu nos casamos no dia 4 de janeiro de 1964, na Igreja Episcopal de Cristo em Middletown, Nova Jersey. As fotos do casamento mostram um casal jovem, alegre e despreocupado, sorrindo, dançando, cada um colocando um pedaço de bolo na boca do outro. Tive sete madrinhas, incluindo minha irmã Buffy, Marnie Stuart, Kirk Dyett e Wendy Taylor. Usei o vestido de casamento da minha mãe, como o anúncio do nosso casamento no *The New York Times* observaria, de "cetim perolado, em estilo império modificado, com um véu tradicional com ponta em rosa pertencente à avó materna do noivo". Carreguei um buquê de orquídeas-borboleta. As damas de honra carregavam rosas cor-de-rosa e usavam longos vestidos em veludo verde-escuro, com fitas em um verde mais profundo nos cabelos. Todos os padrinhos foram citados, assim como nossos internatos e faculdades. Nossos avós foram citados. Foram mencionados até mesmo os bailes de debutante em que eu tinha sido "apresentada" à sociedade.

Eu fornecera todas as informações ao jornal para o anúncio, portanto somente eu estava consciente de que, entre todos os detalhes sociais, havia uma evidente omissão sobre a noiva: enquanto meu anúncio de noivado, alguns meses antes, havia observado, orgulhosamente, que eu tinha trabalhado no gabinete de imprensa da Casa Branca em 1962 e 1963, meu anúncio de casamento não fez qualquer menção a isso. Era como se uma parte da minha vida nunca tivesse acontecido.

Capítulo Doze

E foi exatamente assim que eu me tornei Mimi Fahnestock.

Eu não apenas assumi o nome do Tony, mas também todas as suas ambições para a vida. Assim, nos instalamos na cidade de Nova York, onde, após seu serviço militar, ele aceitou um emprego na Morgan Guaranty. De acordo com a sua vontade, montamos um lar em um minúsculo apartamento na East Seventy-eighth Street em Manhattan — um espaço tão apertado que eu não podia abrir a porta do forno na cozinha se a geladeira estivesse aberta. Cozinhei para ele todas as noites, apoiei sua carreira, arranjei um emprego e economizei dinheiro para comprar um apartamento maior ou uma casa num bairro residencial afastado. Também seguindo seus desejos, partilhamos o objetivo não tão distante de começar uma família.

Nós não falávamos profundamente ou com frequência sobre esses objetivos comuns. Nós vínhamos de ambientes tão semelhantes que simplesmente os aceitávamos como parte da vida que devíamos viver. Embora eu tivesse 20 anos, abracei essas ambições com o entusiasmo incondicional de alguém que sempre havia se imaginado como uma feliz dona de casa.

Em 1964, essa autoimagem não era muito diferente daquela da maioria das jovens na América; os protestos com queima de sutiãs só viriam dali a quatro ou cinco anos. Eu era casada e tinha toda a minha vida pela frente.

Nosso casamento durou 26 anos e pode ser dividido, com misteriosa precisão, em duas metades distintas. Os primeiros 13 anos foram felizes; os outros, não. Em consequência disso, Tony e eu nos divorciamos em 1990.

Os casamentos fracassam por inúmeras razões. E as razões não aparecem todas de uma só vez. Elas se acumulam conforme um casal enfrenta os altos e baixos da vida, construindo carreira, trazendo filhos ao mundo, criando-os e depois devolvendo-os ao mundo, definindo e redefinindo sua noção de como amar e ser amado. Em certos sentidos, Tony e eu não éramos diferentes dos milhões de casais por aí que começaram com a melhor das intenções, mas se distanciaram ao longo dos muitos anos, acabando por se transformarem em estranhos semi-hostis em sua própria casa.

Durante anos resisti a atribuir qualquer culpa pelo fracasso do meu casamento ao meu caso com JFK. Eu sabia que contar para Tony sobre o relacionamento naquele dia sombrio de novembro de 1963 não era a maneira mais auspiciosa ou saudável de começar um casamento, mas nunca achei que isso tivesse condenado a nossa união desde o início. Afinal, nós tivemos 13 anos bons, duas filhas maravilhosas — e finalmente seis netos. Eles são mais que preciosos para mim, e não posso imaginar minha vida sem eles. Portanto, é preciso dizer isso do meu casamento: ele produziu a maior parte das coisas que valorizo.

Porém, anos após o divórcio, quando eu era uma mulher solteira em Manhattan, comecei a reconsiderar o impacto que a revelação do meu segredo tinha tido no nosso casamento. Eu achava que, com os anos felizes que compartilhamos, aquilo tinha ficado para trás. Mas tive de aceitar que meu caso com JFK e a exigência feita pelo Tony de que eu enterrasse o assunto para sempre tinham sido como dois elementos patogênicos que introduzimos no nosso casamento e que lenta e dolorosamente levaram à sua morte. Tony nunca conseguiu confiar em mim completamente depois daquele dia, e tinha bons motivos para isso. Nada podia apagar a profundidade da sua dor. Ele carregou esse peso durante todos os anos que vivemos juntos. Aquilo se entremeou no tecido da nossa vida de casal, e eu podia senti-lo. A raiva e o ciúme nunca desapareceram completamente.

Eu culpo a nós dois por isso. Se tivéssemos encontrado uma maneira de conversar abertamente — e se não precisássemos tratar o caso como uma marca da minha vergonha e da humilhação dele —, então o poder envenenador do segredo poderia ter se dissolvido com o tempo.

A coisa mais sábia e madura a fazer — se eu fosse mais sábia e madura àquela altura da minha vida — teria sido confrontar Tony. Eu devia tê-lo desafiado a fazer uma escolha: "O que você quer fazer?", eu poderia ter dito. "Agarrar-se à raiva pelo resto das nossas vidas?"

Eu deveria ter tentado fazê-lo perceber que o gesto que tive naquele momento de absoluta confusão e angústia, quando me expus para ele no escritório dos seus pais, não foi apenas de honestidade, mas também de confiança — nele e no seu amor por mim. Eu devia ter-lhe lembrado de que o tempo cura a maior parte das feridas e que, às vezes, os acontecimentos conjugais mais desastrosos — uma horrível visita à família, umas férias apavorantes, um aniversário esquecido ou alguma outra quebra das nossas expectativas —, com o tempo, inspiram as lembranças mais apaixonadas e engraçadas quando contados. Se conseguíssemos deixar isso para trás, talvez anos depois nós pudéssemos nos admirar — e até rir — do tempo em que a esposa do Tony teve um caso com o presidente dos Estados Unidos, quando ela era muito, muito jovem.

Nem que fosse para manter a minha dignidade, eu talvez devesse ter estabelecido um limite e dito: "Se você não pode me perdoar, então não deve se casar comigo."

Mas eu nunca disse nada disso. E pior: eu nem ao menos *pensei* nisso. Não tinha a autoconfiança para me impor com um ultimato tão potencialmente devastador. Não tinha a maturidade para ver o clima emocional tóxico que o meu silêncio — o nosso silêncio — criaria no nosso casamento.

Em vez disso, fui despreocupadamente eliminando qualquer evidência de JFK da minha existência, fingindo que aquilo não tinha acontecido. Não bastava que o meu estágio na Casa Branca tivesse sido eliminado do meu anúncio de casamento. Não bastava que eu jamais me referisse ao meu estágio ou mencionasse o nome Kennedy perto do Tony e dos seus amigos. Não bastava que eu fizesse um esforço para evitar ler ou assistir a qualquer coisa sobre JFK.* Até meus pensamentos privados tinham de ser controlados. Se eu permitisse que o presidente surgisse na minha mente ou se eu passasse algum tempo

---

* Isso não foi tão fácil no fim de 1964. Sete dias após a morte de JFK, o presidente Johnson já havia criado a comissão Warren para investigar o assassinato. A comissão apresentou seu relatório de 888 páginas em setembro de 1964, criando uma controvérsia instantânea (que persiste até hoje) e lançando o nome e a imagem de JFK por toda parte outra vez.

refletindo sobre o meu relacionamento com ele, eu achava que estava traindo Tony. A culpa estava sempre por perto.

Quando Tony e eu nos casamos, eu havia escondido, em vários lugares do nosso apartamento, os três presentes do presidente: os alfinetes em ouro e diamantes que ele me deu no meu noivado, o tailleur cinza da Bloomingdale e a fotografia que ele tinha assinado quando deixei Washington. Passados alguns meses, e com meus sentimentos de culpa ainda mais profundos, passei a ver esses presentes como provas de um crime. E o que você faz com as provas de um crime? Você se livra delas.

Fiz isso num único dia, em 1964, enquanto Tony estava no trabalho. Eu estava cursando a escola de secretariado na época, aperfeiçoando as habilidades de datilografia e estenografia, tão escassas durante a minha permanência na Casa Branca. Eu ainda não havia arranjado emprego, por isso tinha tempo durante o dia.

Levei o tailleur a um brechó na Second Avenue no Upper East Side e, sentindo uma pontada de remorso por sacrificar a roupa mais extravagante que eu já tinha tido, entreguei-o à mulher atrás do balcão.

— O que aconteceu, querida? — lembro-me de ela ter perguntado ao olhar para a roupa. — Parece novinho em folha. Não lhe cabe mais?

Fiquei olhando para ela sem dizer nada.

Em seguida foram os broches de ouro e diamante. A princípio eu pensei em jogá-los na lixeira no corredor do nosso apartamento, mas ao abrir a tampa, não consegui tratá-los como lixo. Eram lindos demais. Levei-os a uma loja de penhores na Twenty-third Street com a Second Avenue, e os entreguei, controlando as lágrimas. Não lembro quanto o penhorista me ofereceu, mas me recordo de que não estava com espírito para barganhar com ele. Dobrei o dinheiro, coloquei-o na bolsa e joguei fora o bilhete da loja de penhores tão logo saí. Quando tudo estava feito, senti uma forte sensação de alívio. Disse a mim mesma que eu estava cumprindo uma obrigação para com o meu marido.

A última peça de que me desfiz foi a fotografia. Senti uma grande ternura quando a tirei de seu esconderijo, atrás de fotografias em um álbum. Dei uma última olhada na imagem do presidente no seu barco, com camisa polo azul e calça militar branca, com a mão direita sobre o leme, sorrindo ao sol. Passei meus dedos sobre a inscrição: "Para Mimi, com minhas mais calorosas considerações e profunda gratidão." Lembrei-me do seu tom travesso e conspirador quando, depois de escrevê-la, ele olhou para mim e disse: "Só você e eu sabemos o que realmente significa."

Peguei uma tesoura na gaveta e cortei-a em centenas de pedacinhos.

Mas eu estava tão desvairada, chateada e paranoica em relação àquela foto — e a intimidade que ela evocava — que de repente fui tomada por um temor louco de que alguém pudesse juntar os pedaços novamente. Jogar as peças num cesto de lixo ou na lixeira não iria me proteger. Então juntei todos os pedaços num saco e fui para a rua, onde os joguei em várias latas de lixo diferentes por todo o bairro. Se alguém quisesse ligar a foto novamente a mim, teria de remexer em um monte de lixo e usar uma enorme quantidade de fita adesiva.

Então retornei ao apartamento e me sentei na sala de estar, esperando que Tony chegasse em casa. Eu devo ter acreditado que o fato de ter me livrado dos últimos vestígios de JFK faria com que tudo ficasse bem novamente. Não havia mais chance alguma de que Tony os encontrasse um dia por acaso. Ele jamais me confrontaria com perguntas que levariam de volta à minha traição. Eu não teria de enfrentar a possibilidade de sua raiva. Eu tinha feito a coisa certa para nós dois. Ou assim eu pensava.

Naquela noite, quando Tony chegou em casa, ele se serviu de uma bebida e me deu um beijo no rosto. Perguntei sobre o seu dia e iniciamos uma conversa agradável e banal sobre o seu trabalho. A segurança que eu havia imaginado não estava presente, claro. Eu não podia falar sobre o que eu havia feito naquele dia e a nuvem da culpa ainda pairava no ar.

Num sentido mais amplo, esse se tornou o padrão predominante em nosso casamento. Sempre que algo importante precisava ser discutido, se havia um acontecimento com alguma ressonância emocional que precisasse ser debatido com honestidade, nós simplesmente o evitávamos.

Mais uma vez, é importante lembrar o quanto éramos jovens naquela época. Tínhamos 20 e 23 anos, éramos crianças brincando de adultos e seguindo o roteiro: Tony seria o provedor e eu, a dona de casa. Mesmo na nossa constituição emocional, nós seguíamos os padrões definidos pelos nossos pais. Não partilhávamos o que sentíamos. (A palavra *partilhar* para revelar nossos sentimentos nem constava do nosso vocabulário naqueles tempos.) As circunstâncias dolorosas eram enfrentadas estoicamente; o objetivo era sempre superar, em vez de discutir ou compreender. A solução para qualquer dificuldade estava em *não* deixá-la nos magoar ou prejudicar — não deixar que ela nos tocasse de modo algum.

Eu sei disso hoje com a sabedoria trazida pela maturidade, mas não estou sugerindo que fiquei presa por 26 anos em uma vida de desespero existencial. O fato era que eu estava feliz sendo uma nova esposa. Eu estava animada — e ainda carregava comigo o brilho residual que acompanhava a segurança de estar casada e apaixonada. No começo, Tony e eu estávamos cercados por amigos dos tempos do internato e da faculdade que também estavam iniciando suas carreiras em Manhattan. Na maioria das noites de semana, nós nos reuníamos, com a inesgotável energia dos 20 anos, em um bar ou em uma festa improvisada em um de nossos apartamentos, e nos fins de semana íamos visitar meus pais em Nova Jersey. Era um tempo divertido, que talvez tenha mascarado os passos errados que Tony e eu estávamos dando. É por isso também que só percebo isso tardiamente. Na época, eu estava distraída pela juventude e pela promessa de uma vida perfeita. Eu acreditava que tudo sempre daria certo. Hoje eu sei que não funciona assim.

Algumas semanas depois de me livrar dos presentes de JFK, em junho de 1964, eu descobri que estava grávida. Foi uma notícia inesperada, mas feliz para nós. A única preocupação que tínhamos era com a nossa situação financeira. Nós precisaríamos de um apartamento maior, com um segundo quarto para o bebê, e precisaríamos fazer tudo isso contando apenas com o salário de Tony. Eu tinha acabado de arranjar meu primeiro emprego em período integral no Comitê Republicano Estadual de Nova York (revelando o quanto eu tinha apagado meu envolvimento com a administração democrata de JFK), e receava que minha gravidez causasse problemas com meus novos patrões. Eu pretendia continuar a trabalhar até o parto, em fevereiro de 1965 — nós necessitávamos do dinheiro —, e depois me dedicar à maternidade.

Não foi assim que a história aconteceu.

No sétimo mês de gravidez, nós estávamos na casa dos meus pais em Nova Jersey quando, de repente, entrei em trabalho de parto no meio da noite. Depois de ser levada às pressas, de ambulância, para o Hospital de Riverview, no distrito próximo de Red Bank, nosso garotinho, Christopher Snowden Fahnestock, nasceu em um pronto-socorro nas primeiras horas do dia 6 de dezembro de 1964, oito semanas prematuro. Ele morreu no dia seguinte da mesma síndrome de pulmão subdesenvolvido que tinha tirado a vida de Patrick Bouvier Kennedy, no ano anterior. Mesmo na minha tristeza, refleti sobre a coincidência. Não sei se Tony teve pensamentos semelhantes, porque não me lembro de jamais termos efetivamente conversado sobre o bebê ou sobre a nossa perda. A ferida estava ainda muito recente e dolorosa — e de que adiantaria? Não culpo Tony por isso. Conheci outros casais que perderam um bebê ou um filho pequeno e que também não conseguiam mencionar o assunto. Mas, para mim, nosso silêncio sobre Christopher era ainda outro exemplo de como, nos nossos momentos de maior necessidade, não conseguíamos consolar um ao outro.

Tudo sobre aquele período me enche de tristeza hoje. A pior parte talvez tenha sido as estranhas horas entre o nascimento e a morte do bebê. O dr. Small, o obstetra que fez o parto de Christopher, havia me dito que sua vida seria muito curta, uma questão de um ou dois dias. Sabendo que o bebê ia morrer, ele achou importante que eu o visse. Ele me ajudou a descer o corredor até a janela do berçário e me apontou meu filhinho em um berço na fileira que ficava atrás da dos bebês saudáveis, nascidos no tempo certo. Eu me esforcei para vê-lo, mas ele estava muito distante. Foi o momento mais triste da minha vida — que eu não tenha visto ou segurado Christopher. Nem pude dizer adeus. Eu ainda estava me recuperando no hospital quando minha mãe e Tony providenciaram um pequeno túmulo e enterraram Christopher no jazigo da nossa família, no Cemitério de Fairview, em Middletown, Nova Jersey. Ainda visito o local, marcado por uma lápide modesta, sempre desejando ter podido segurá-lo pelo menos uma vez.

Nenhuma mãe supera a morte de um filho. Quando olho fotografias minhas das semanas imediatamente seguintes à morte do bebê, o contraste com a noiva feliz de um ano antes é chocante. Meu rosto e corpo estão inchados com o peso acumulado durante a gravidez. Meus olhos são globos sem vida. E os cantos caídos de minha boca davam a impressão de que eu tinha me esquecido de como sorrir.

Por mais difícil que tenha sido, eu tentei corajosamente me controlar. Voltei ao trabalho assim que pude, tentando não oprimir as pessoas com meus problemas. E lentamente a tristeza diminuiu a ponto de eu conseguir apreciar a minha vida novamente. Eu tinha um novo apartamento com um segundo quarto que Tony transformou em um escritório. Ele estava indo bem no trabalho — e logo nos mudaríamos para Cambridge, Massachusetts, porque ele tinha decidido fazer seu MBA na escola de administração de Harvard.

Seria um novo começo — algo de que eu precisava desesperadamente.

Tony possuía muitas virtudes, e em Cambridge elas se destacaram. Ele sempre tinha se saído bem na escola. Era ambicioso, inteligente, consciencioso e não sentia medo de trabalho pesado. Ele também se desenvolveu no aspecto do controle

— seus momentos mais felizes eram aqueles em que estava planejando um curso de ação e seguindo-o. Ele devorava seus estudos de caso e adorava um desafio. Fazia todo sentido do mundo que ele cursasse seu MBA na principal escola de administração do país. Em Harvard, Tony estava no céu.

Seu gosto pelo controle e pela ordem foi útil para ele não só no trabalho e na faculdade de administração, mas também na nossa vida familiar. Lembro-me de visitar meus pais em Nova Jersey com Tony, três anos depois do nosso casamento. Eles tinham acabado de vender a Fazenda Lago Parado, a casa onde meus irmãos e eu havíamos sido criados, e meus pais estavam se debatendo com decisões sobre dinheiro e moradia. Eles não eram ricos, de modo algum, e estavam iniciando os anos de aposentadoria.

Uma tarde, enquanto almoçávamos em um restaurante em Seabright, meu pai iniciou uma deprimente história dizendo que as coisas estavam tão ruins que eles não poderiam manter o cachorro da família, um labrador preto chamado Notso. Eles estavam procurando um lar para ele, disse meu pai. A conversa era tão deprimente que comecei a chorar — o que sempre deixava Tony ansioso. Tony respeitava meu pai — chamando-o de "sr. B.", e nunca de Randy —, mas nesse momento ele deixou as delicadezas de lado e assumiu o controle.

— Sr. B., controle-se — disse ele. — O senhor não precisa se desfazer do Notso. O senhor precisa é de um plano, e segui-lo à risca.

Ele tinha apenas 26 anos, mas estava agindo como um pai. Ele interrogou meus pais sobre seus bens e despesas e provou que eles eram mais do que capazes de cuidar de um cachorro, sem mencionar muitas outras coisas de que eles afirmavam não conseguir dar conta. Eu tinha visto esse lado impetuoso de Tony antes — na noite de 22 de novembro de 1963 —, e ele frequentemente me assustava; era uma grande razão pela qual eu optava por manter silêncio, em vez de confrontá-lo. Mas naquele dia, percebi que aquele seu lado que tanto me intimidava também podia ser reconfortante.

Na escola de administração de Harvard Tony estava em casa, e porque ele estava feliz, eu estava feliz. Nós tínhamos feito um empréstimo para pagar seus estudos, mas cabia a mim cobrir nossas despesas. Por intermédio dos meus contatos republicanos em Nova York, consegui um emprego como secretária no escritório do procurador-geral de Massachusetts, um elegante servidor público, de óculos, chamado Elliot Richardson (que em outubro de 1973 ficaria famoso ao se demitir do cargo de procurador-geral de Richard Nixon, em vez de cumprir a ordem para demitir o promotor especial Archibald Cox). Era trabalho sério, mas sem o glamour ou a sensação de diversão de Camelot* — e certamente sem as travessuras extracurriculares. Eu nunca contei a ninguém no escritório que eu tinha sido estagiária na Casa Branca por dois verões, e intencionalmente mantive essa informação fora do meu currículo.

Alugamos um pequeno apartamento em uma grande casa de madeira na Gerry Street, a dois passos do rio Charles e a poucos minutos do campus de Harvard. Era um tempo de grande revolta política na universidade — e em todo o país —, mas Tony e eu estávamos tão concentrados no nosso plano

---

* O período da presidência Kennedy foi associado a Camelot, o reino mágico do rei Artur e os cavaleiros da Távola Redonda. A ideia de vincular a presidência de JFK à ficção de Camelot foi de sua esposa, Jacqueline Kennedy. Jackie sugeriu a um jornalista que os mil dias de Kennedy na Casa Branca deveriam ser lembrados como Camelot. (N. da T.)

(Tony em seus estudos, eu em garantir o pagamento de nossas contas), que a "revolução" mal nos atingiu. Éramos muito conservadores e antiquados. A alguns quarteirões dali, alunos com cabelos compridos e vestidos com roupas do exército protestavam contra a Guerra do Vietnã, enquanto Tony usava suas camisas brancas, malhas de gola redonda e paletós azuis para ir à universidade e eu usava minhas blusas e saias afetadas para trabalhar para um republicano que era o principal oficial da lei no estado. Em vez de fumar maconha, fumávamos cigarros. Em vez de guarnecer as barricadas, enfurnávamo-nos em nosso apartamento. Eu chegava tarde do trabalho e preparava um ensopado ou a refeição preferida de Tony: um hambúrguer com uma folha de alface americana e molho. Não podíamos nos dar ao luxo de sair para jantar, e não socializávamos muito. Tony estudava na sua escrivaninha e eu me aconchegava no sofá com um livro. Michael Ansara, um conhecido ativista político e um dos fundadores da divisão da SDS* de Harvard, vivia em um dos apartamentos próximos ao nosso, mas não me lembro de jamais ter trocado uma palavra com ele nos dois anos em que vivemos lá.

Não estávamos exatamente no auge da paixão, mas havia um romantismo renovado em nosso relacionamento, pois Tony e eu estávamos sintonizados como casal. Estávamos unidos no nosso compromisso com nosso plano de vida. Tony concluiria seu MBA e nós voltaríamos para Nova York, onde ele conseguiria um cobiçado emprego na área de administração de finanças. Estávamos tão sintonizados, na verdade, que,

* Students for a Democratic Society [Estudantes por uma Sociedade Democrática]: movimento ativista estudantil nos Estados Unidos e representante da Nova Esquerda nos anos 1960. (N. da T.)

a não ser por uma pequena exceção (que contarei em breve), eu nunca pensava no presidente Kennedy. Isso era ainda mais extraordinário considerando-se que vivíamos em Harvard, cujo mais famoso ex-aluno na época era certamente JFK. O Parque John F. Kennedy, a Escola de Governo Kennedy e a J. F. Kennedy Street ficavam todos a menos de 900 metros do nosso apartamento. Se eu tivesse desejado evitar as lembranças de JFK, a região de Boston certamente *não era* o lugar para isso; era praticamente um parque temático do presidente.

Três anos tinham-se passado desde a morte do pequeno Christopher. Embora Tony ainda fosse um estudante e eu tivesse um modesto salário de secretária, estávamos determinados a ter um bebê, o que finalmente aconteceu no dia 22 de setembro de 1968, algumas semanas após Tony iniciar seu segundo ano de curso. Nossa filha Lisa era saudável e perfeita, e eu adorava tudo o que envolvesse cuidar dela, até mesmo as trocas de fraldas e as mamadas no meio da noite. A primeira vez em que Lisa saiu, eu empurrei seu carrinho azul até a Brattle Street e persuadi o proprietário da nossa farmácia a ir até a calçada para "ver o que eu tinha ganhado". Foram essas as palavras que eu usei, como se Lisa fosse o presente mais precioso que eu já havia ganho. De repente minha vida ficou centrada nela, e isso não me incomodou nem por um segundo.

Meu segredo, claro, permanecia profundamente enterrado.

E mesmo assim, num dia fresco de primavera, em 1969, quando dava um passeio à tarde com o bebê no carrinho, passei por um salão de cabeleireiro na Massachusetts Avenue que anunciava na vitrine produtos capilares da Frances Fox. Tinham-se passado seis anos desde que eu havia feito os tratamentos capilares regulares no presidente, mas de repente fui tomada por uma forte emoção. Olhei para os dois lados da rua para me certificar de que ninguém estava me vendo (ridículo, eu sei) e, com Lisa nos braços, entrei no salão para ver quais produtos eles vendiam. Eu não planejava comprar nada. Queria apenas me deleitar na terna lembrança do presidente Kennedy, mesmo que só por alguns minutos. Peguei as embalagens e revirei-as nas mãos. Coloquei-as cuidadosamente de volta no balcão e saí. Senti-me tão culpada com o que havia feito que guardei o incidente no fundo da minha mente. Eu não o mencionaria. Lisa, que mal havia completado 6 meses de idade, também não comentaria.

Tony concluiu seu MBA em junho de 1969 e, como esperávamos, foi recrutado pela Goldman Sachs para um emprego bem remunerado em Nova York. A princípio, nós alugamos uma casa em Greenwich, Connecticut, achando que um subúrbio arborizado seria melhor para criar a nossa nova família. Mas após nove meses de locomoção para trabalhar, Tony estava pronto a voltar para a cidade. Eu também estava. Sentia falta da energia da vida na cidade. Um dos colegas de Tony sugeriu Brooklyn Heights, um bairro do outro lado do East River, bem à frente de Wall Street. A única coisa que eu sabia sobre o distrito do Brooklyn era que meu pai tinha nascido lá. Para nossa surpresa, levamos apenas um fim de semana, munidos de um jornal local, para encontrar um delicioso apartamento com jardim na arborizada Hicks Street. Tony estava encantado com a viagem de metrô de uma estação até o escritório, e eu me apaixonei pela comunidade. Era cidade, mas não em excesso. Eu tinha um lindo bebê nos braços, um marido provedor ao meu lado. A vida era boa.

Capítulo Treze

Entre novembro de 1963, quando contei ao Tony sobre JFK, e maio de 2003, quando o *Daily News* expôs o meu segredo, eu partilhei a história do meu caso com apenas algumas pessoas. Eu havia passado minha jovem vida adulta tentando ser a esposa perfeita e a mãe ideal. Isso, é claro, não quer dizer que eu fosse feliz. Mas escondi minha infelicidade por trás de uma fachada plácida, uma habilidade na qual eu me sobressaía. Para os familiares e amigos eu parecia zelosa, capaz, energética e contente, mas, por mais que eu tentasse manter essa aparência, as rachaduras na fachada inevitavelmente apareceram.

No verão de 1973, contei meu segredo à minha prima Joan Ellis. Eu tinha acabado de fazer 30 anos. Minha segunda filha, Jenny, nascida três anos depois de sua irmã, estava aprendendo a andar e falar. Assim como Lisa, ela recebia a atenção constante dos seus pais corujas. A carreira de Tony tinha prosperado na Goldman Sachs a ponto de, pouco antes do nascimento de Jenny, termos comprado um apartamento de três dormitórios em um dos bem-estabelecidos edifícios de Brooklyn Heights, além de um imóvel de temporada para o verão, em Rumson, Nova Jersey.

A casa de verão era lindamente mobiliada, no alto de uma colina e ao final de uma longa rampa de entrada em pedra, a uma hora da cidade. A única coisa que não havia ali era uma televisão, o que consistia um problema no verão de 1973, quando o país inteiro estava chocado com o escândalo de Watergate. Quase todos os dias as emissoras de TV interrompiam sua programação normal para mostrar as audiências do Senado, presididas pelo senador Sam Ervin, da Carolina do Norte. Eu estava tão hipnotizada quanto todo mundo com esse drama político inédito. Na maioria dos dias, enquanto Tony estava no trabalho, eu colocava as meninas e a nossa babá no carro e dirigia os poucos quilômetros até a casa da minha prima Joan, onde sua televisão certamente estava ligada.

Joan era 12 anos mais velha que eu. Tempos antes de se mudarem de volta para Nova Jersey a fim de abrir sua própria empresa de eletrônicos e criar seus três filhos, Joan e seu marido tinham trabalhado em Washington, D.C. Além de ser a mulher mais inteligente que eu conhecia, Joan era também a mais discreta. Ela não fofocava. Guardava confissões e fazia questão de se afastar do cenário social dos subúrbios. Se havia uma pessoa na minha vida que prezava o poder de um segredo, era minha prima Joan.

A audiência daquela terceira semana de julho tinha sido extraordinária. Alexander Butterfield acabara de revelar a existência de um sofisticado equipamento de gravação de áudio no Salão Oval, o que significava que todas as conversas envolvendo o presidente Nixon tinham sido gravadas. Lembro-me de que Joan e eu fizemos uma pausa no acompanhamento das audiências enquanto a babá levava minhas filhas para um cochilo. Precisando de ar fresco, decidimos seguir para o parque estadual de Sandy Hook, ali perto. Estávamos caminhando ao longo de um trecho deserto de praia, refletindo sobre o quanto aquelas fitas poderiam ser prejudiciais para o presidente Nixon e por quanto tempo ele conseguiria manter o conteúdo delas em segredo.

— Os segredos — disse Joan — sempre acabam aparecendo.

Talvez esse tenha sido o gatilho. Talvez tenha sido o fato de que durante aquele verão — vivendo nessa linda casa, com minhas filhas adoráveis e um marido bem-sucedido — eu estava mais contente e realizada que nunca. Talvez eu me sentisse tão segura no meu casamento que quebrar a promessa que eu fizera ao Tony, apenas dessa vez, não parecia grande coisa. Talvez tenha sido o simples fato de que estávamos discutindo Washington e a presidência. Talvez tenha sido o fato de eu confiar inteiramente em Joan e poder lhe contar qualquer coisa. Eu sempre a tinha admirado.

— Eu sei — respondi. — Eu mesma tenho guardado um segredo.

E então contei a ela.

O mais surpreendente foi que o céu não desmoronou. Não fui atingida por um raio. Não me senti mais envergonhada, culpada ou indecente que antes. Na verdade, me senti melhor.

Joan foi tão maravilhosa quanto eu esperava que ela fosse. Ela tinha frequentado a universidade Vassar com Jackie Kennedy e era uma ardorosa admiradora de tudo o que dizia respeito a Camelot. Mas não me pressionou com perguntas lascivas. Não manifestou choque ou surpresa. Ela apenas ouviu e disse:

— Bem, isso vai render uma história bem interessante para os seus netos um dia.

Sua reação positiva cimentou nossa afinidade até hoje.

Enquanto Joan e eu dirigíamos de volta até a sua casa para pegar as minhas meninas, fiquei contente por ter-lhe contado, mas não tinha certeza de que algum dia eu teria coragem de contar a mais alguém. A única coisa de que estava absolutamente certa era que não contaria a Tony que eu havia quebrado a promessa.

Dez anos se passariam antes que eu partilhasse meu segredo novamente. Uma nova rachadura na minha fachada vinha se formando aos poucos, quase imperceptivelmente, durante a primeira década completa de maternidade e casamento.

Em 1976, Tony e eu tínhamos comprado uma casa antiga de três andares em Garden Place, na 19A, uma das ruas mais agradáveis de Brooklyn Heights. Ela precisava de uma grande reforma, o que eu sabia que ou nos uniria mais ou nos afastaria. Eu havia feito cursos na escola de decoração de interiores de Nova York e tinha recebido a certificação, por isso assumi o controle dos detalhes enquanto nós quatro vivemos por um ano entre pó de gesso, operários, encanamentos expostos e falta de utensílios domésticos. A tensão não trouxe meu marido para mais perto de mim. Quando as coisas ficavam em desordem, ele pulava no carro, dirigia até Nova Jersey e passava a noite na pequena casa que alugávamos para os fins de semana e verões.

Por mais tolo que pareça, a reforma em 1977 foi o marco divisório emocional no meu casamento. Tínhamos tido 13 bons anos, e agora estávamos a ponto de termos os 13 anos ruins. Não é comum uma pessoa conseguir identificar um momento único no qual o amor deixa o casamento. Mas eu consigo.

Naquele verão nós tínhamos sido convidados para ir à fazenda de amigos, em Tenants Harbor, Maine, para fugirmos um pouco da reforma. Nossos anfitriões nos brindaram com jantares com lagosta, refrescos e intermináveis jogos de tabuleiro. Lembro-me de ficar chocada com o contraste entre o tratamento afetuoso e divertido que nossos anfitriões dispensavam um ao outro e o relacionamento inexpressivo, praticamente inerte, que eu e Tony mantínhamos. A revelação veio na nossa última manhã no Maine, quando acordei e Tony se virou abruptamente na cama, como que para anunciar que ele preferia estar com qualquer um, menos comigo. Foi quando finalmente admiti para mim mesma que eu queria estar em qualquer lugar, menos com ele.

A partir daquele momento eu vi Tony apenas pelo aspecto negativo — e ele fez o mesmo comigo. Comecei a fazer uma horrível e contínua lista dos seus defeitos: não fazíamos mais amor, ele se recusava a acompanhar a mim e às crianças nas visitas à minha mãe na Flórida, não tínhamos mais atividades em comum, nunca conversávamos, ele nunca ajudava na casa. Esse tipo de ressentimento nunca é bom, mas eu fiz algo ainda pior com ele: voltei-o contra mim mesma. Eu queria saber o que tinha feito de errado — e como me consertar. Enquanto as meninas estavam na escola e Tony, no trabalho, eu me sentava à mesa da cozinha cercada por clássicos livros de autoajuda da época, como *Passagens*,* de Gail Sheehy, e *O caminho menos percorrido*,** de M. Scott Peck, e livros menos famosos, porém mais incisivos, como *The Dance of Anger* (A dança da raiva), de Harriet Lerner. Eu fazia anotações

---

* Rio de Janeiro: Francisco Alves, 1988.

** Cascais, Portugal: Sinais de Fogo, 2002.

nas margens e destacava passagens que se aplicavam à minha situação. Quando peguei meus exemplares para escrever este livro, percebi que todas as minhas anotações giravam em torno da mesma questão — que a "confrontação amorosa mútua" é a chave para um relacionamento significativo, que sem isso o relacionamento é superficial e está condenado. Tudo o que eu lia me fazia perceber que eu tinha sido passiva demais no meu casamento, isolada demais, mas não tinha nem a autoconfiança nem a habilidade necessárias para me afirmar.

O mais irônico é que toda noite, pouco antes de Tony chegar em casa, eu me esforçava para guardar meus livros sobre "confrontação significativa" para que ele não os visse, para que não me dissesse mais uma vez para eu me aprumar, como se eu estivesse apenas sendo fraca. Finalmente, o pior momento do dia passou a ser aquele em que eu ouvia a sua chave no portão da frente, assinalando que estava de volta à nossa casa.

O que literalmente me salvava era correr. Eu tinha finalmente parado de fumar no fim dos anos 1970 e retomado a corrida como modo de entrar em forma e alcançar algum tipo de felicidade. Não sei por que levei tanto tempo para reacender aquele amor pelo esporte que eu tinha tido quando era a única menina a integrar a equipe masculina em Rumson Country Day, mas na primeira vez que corri na calçada junto ao East River, perto da minha casa, percebi que podia ser boa naquilo.

Imediatamente a corrida passou a ser a rotina que trazia alguma paz interior à minha vida. Eu me levantava às cinco e meia da manhã, antes que Lisa e Jenny acordassem, vestia meu agasalho cinza, engolia uma xícara de café e partia para uma corrida de pelo menos 6 quilômetros, às vezes mais, descendo a rua, entrando na ponte do Brooklyn, indo até Manhattan e depois voltando, com frequência pegando o nascer do sol acima do East River, e retornando a tempo de despachar as meninas para a escola. Na manhã seguinte eu faria tudo de novo.

Esse foi um momento em que todo o país pareceu descobrir o prazer da corrida. O livro de Jim Fixx, *O guia completo de corrida,** em 1977, ficou em primeiro lugar na lista dos mais vendidos por mais de um ano. Não era incomum ver corredores de todas as apar ências, idades e tamanhos reunidos numa esquina, em grupos de dez ou mais pessoas, em seus shorts curtos e tênis Nike, preparando-se para uma corrida em grupo antes ou depois do trabalho. Em pouco tempo eu era uma dessas pessoas. Entrei para o Clube de Corredores de Rua de Nova York (CCRNY), o maior grupo de corredores dos Estados Unidos, e assumi o compromisso de participar de uma maratona. Se um ano antes minha identidade era de esposa e mãe, agora era de mãe e *corredora.*

Completei minha primeira maratona da cidade de Nova York, em 1979, em quatro horas e 16 minutos. Fiquei orgulhosa por conseguir completá-la e imediatamente comecei a treinar para outra, jurando bater a marca das quatro horas (o que consegui). Em pouco tempo, era voluntária no CCRNY e encontrei todo um novo círculo de amigos que nada tinham a ver com a minha amarga vida doméstica no Brooklyn, e com quem eu tinha muito em comum. Tony tolerava as horas que eu passava correndo e não reclamava muito dessa rotina. Minhas filhas aprovavam completamente e até pareciam orgulhosas de mim. Quando eu concluía uma corrida particularmente longa em nossos fins de semana em Nova Jersey, nós três saltávamos para dentro do

---

* Rio de Janeiro: Record, 1977.

carro e medíamos meu percurso de 22 a 24 quilômetros pelo velocímetro. A verificação da quilometragem sempre terminava com uma visita ao Dairy Queen local (o que talvez explique por que as meninas davam tanto apoio à minha corrida), onde pedíamos grandes sorvetes de baunilha com confeitos.

Em fevereiro de 1981, assumi um emprego de meio período no CCRNY, desenvolvendo sua biblioteca de pesquisa. O pagamento mal passava do salário mínimo, mas eu não me importava. Meus colegas eram todos corredores e, sinceramente, eu não sentia esse tipo de entusiasmo e de propósito desde que eu estava na Casa Branca. Senti-me particularmente atraída por um funcionário mais antigo chamado Bill Noel. Nós treinávamos juntos, almoçávamos juntos, encontrávamos motivo para ir à mesa um do outro várias vezes ao dia. Nosso flerte era alimentado pelo nosso amor mútuo pela corrida e pela sensação de realização e de boa saúde que ela nos dava.

Quando Bill teve a brilhante ideia de que devíamos correr a Maratona de Londres em maio de 1982, eu imediatamente aceitei. Cinco de nós voamos para lá, mas somente ele e eu estávamos inscritos na corrida. Os outros três nos acompanharam como turistas e coadjuvantes, o que explica por que Bill e eu fomos colocados no mesmo quarto de hotel na noite anterior à corrida. Nós precisávamos dormir; os outros podiam sair e percorrer a cidade. Ninguém no grupo achou que aquela organização fosse imprópria, nem mesmo nós — um sinal do quanto nosso relacionamento era inocente e do quanto estávamos comprometidos com o nosso esporte. A essa altura eu não tinha intimidade com o meu marido havia cinco anos. Na verdade, nós mal nos abraçávamos. Sozinha no quarto de hotel naquela noite, me dei conta do quanto eu ansiava por afeto físico e contato. Então fiz algo ousado e espontâneo que nos surpreendeu a ambos. Fui para a cama de Bill, em vez da minha. Parecia o clímax natural de todo o encorajamento que vínhamos partilhando durante nossos meses de treinamento. Eu tinha completado 39 anos dois dias antes, e Bill foi meu terceiro amante.

Na manhã seguinte, quando fomos de trem para a linha de partida da corrida, em Greenwich Park, eu não sentia nenhum remorso (terminei no meu melhor tempo, em três horas e 27 minutos). A culpa só surgiu quando eu já estava no avião de volta para Nova York, ante a perspectiva de ver Tony novamente. Quanto mais eu me conscientizava da realidade da minha infidelidade, um fato se tornava cada vez mais óbvio: após anos de silêncio acumulado com Tony, meu casamento estava desmoronando.

Então ali estava eu, sentada na sala de estar da minha confortável casa em Brooklyn Heights com a minha irmã mais nova, Deb, em 1983. O casamento de Deb tinha sido na minha casa, no ano anterior. Estávamos relembrando a cerimônia quando a conversa se voltou para uma discussão sincera sobre os homens. Era a nossa primeira conversa de irmãs sobre sexo, o que me fez confessar meu encontro amoroso com Bill. Deb ficou surpresa ao saber que eu é que o tinha instigado. A minha imagem saltando para a cama de outro homem — em outras palavras, afirmando-me —, era inesperada, destoante, um lado meu que ela nunca tinha conhecido. Além disso, minha experiência era muito diferente da dela. Ela tinha tido muitos namorados antes de se casar aos 33 anos.

— Eu fico admirada que você tenha se limitado a um só homem antes do Bill — disse ela.

— Isso não é inteiramente verdade — respondi. — Quando eu estava trabalhando em Washington, nos anos 1960, eu tive um caso com um homem casado.

— Foi o JFK, não foi? — ela disse.

— Como você sabe?

— Só um palpite — respondeu. — Essa é a reputação dele, não é?

Fiquei tão desconcertada com a intuição dela — como se ela agora conhecesse a verdade sobre mim, como se, na realidade, isso fosse óbvio — que não senti necessidade de entrar em detalhes. Concentrei-me em como Tony tinha me proibido de sequer tocar no assunto, o que Deb achou intrigante. "Então por que você está me contando?", ela perguntou. Eu não tinha uma resposta pronta e, felizmente, ela mudou de assunto. Acho que nós duas ficamos aliviadas. Ela sabia o quanto eu estava infeliz, e o que mais havia a dizer?

Segui trabalhando no CCRNY por mais três anos. Bill e eu continuamos a treinar e correr juntos — de corridas de 10 quilômetros a triátlons — até que um ferimento e uma cirurgia me transformaram numa corredora casual. Às vezes eu devaneava sobre uma vida com Bill, embora ele nunca tenha levantado essa possibilidade. Quaisquer que tenham sido as fantasias que tive em relação a nós dois, elas terminaram quando aceitei um emprego em período integral como gerente de um clube de tênis e squash, afastando-me aos poucos do mundo das corridas e voltando ao meu casamento infeliz.

Pelo restante dos anos 1980, eu não pensei em contar o segredo a ninguém. Na verdade, era tão doloroso viver num casamento desmoronando que eu mal pensava em partilhar qualquer coisa com meus amigos e familiares. Tony e eu mal nos reconhecíamos — e essa indisponibilidade emocional entre nós também estava magoando a nossa filha adolescente Jenny. Ela se ressentia de nós dois, mas atacava a mim porque eu era o alvo mais fácil.

— Você é uma péssima mãe — ela um dia gritou para mim.

Não lembro o que levou Jenny a soltar isso, mas foi um chamado de atenção brutal, um daqueles momentos que nos atingem bem no âmago. Ela me via como eu era: uma mulher vazia, incapaz de se posicionar. Pensei nisso o dia todo enquanto resolvia uma série de compromissos em Manhattan. Era uma sexta-feira de abril de 1989. Tony chegaria cedo em casa a fim de poder ir para Nova Jersey para o fim de semana. Eu desci a Madison Avenue até o terminal central, entrando pela Vanderbilt Avenue. Parei no alto da escada, olhando para baixo as pessoas que corriam como formigas, e depois para o alto, a loja da Kodak Colorama do outro lado do saguão. Havia uma enorme foto de um casal de mãos dadas numa praia tropical. Por mais clichê que fosse, tudo o que eu conseguia ver era amor, e isso me deixou profundamente triste, porque eu não conseguia imaginar um futuro para mim mesma que envolvesse qualquer amor romântico. As lágrimas começaram a cair.

Eu sempre achei que os momentos de revelação deviam ser insights calmos, o resultado de uma meditação tranquila ou de um brilhantismo repentino. Não deviam ser violentos. Mas esse me atingiu com força, como um golpe no estômago. Naquele momento eu soube que tinha de terminar meu casamento. Eu nunca tinha sentido uma determinação tão forte.

Quando cheguei em casa, Tony estava na cozinha, conversando ao telefone com amigos de Nova Jersey, fazendo planos para o fim de semana. Parei à porta, olhando para ele, contando os segundos até que ele me notasse. Retorcendo o longo fio amarelo do telefone de parede, ele levantou o dedo indicador — seu sinal para que eu aguardasse um minuto. Finalmente ele desligou e olhou para mim com uma expressão impaciente.

— Eu quero o divórcio — eu disse.

— O quê? — ele perguntou.

— Acho que você me ouviu. — Eu não ia dizer mais nada. Esperei que ele respondesse.

— Tem certeza? — perguntou. — Você nunca soube o que queria, mas se é isso que você quer, então é isso que vai ter. Acho que você vai se arrepender.

Suas palavras ficaram pairando no ar, eram mais uma ameaça do que uma tentativa de me fazer mudar de ideia. De certo modo, ele estava certo. Eu não sabia exatamente o que queria, mas sabia que tinha de dar um passo para mudar. Sabia que Tony não era o único culpado pela minha infelicidade ou pelo nosso casamento não ter dado certo. A culpa era tanto minha quanto dele. Eu não o tinha feito feliz. Mas também sabia que tinha chegado o momento de botar um ponto-final no sofrimento que havíamos criado um para o outro.

Tony ficou furioso, mas não era do seu feitio se inflamar de raiva; ele imediatamente começou a fazer um plano. Comprou um apartamento na Willow Street, ali perto, e eu fiquei na nossa casa em Garden Place. Nós dois contratamos advogados, e após 12 meses de negociações amargas já não éramos marido e mulher.

Alguns meses depois, no verão de 1991, eu estava contando os detalhes do divórcio à minha amiga mais íntima de Farmington, Marnie Pillsbury. Ela era Marnie Stuart quando dividimos com Wendy Taylor um apartamento em Georgetown, no meu segundo estágio de verão.

Nós nos encontramos para jantar porque Marnie queria fazer um de seus periódicos check-ups no meu bem-estar. Ela era e é esse tipo de amiga.

Marnie foi muito paciente enquanto debatíamos sobre o fim do meu casamento de 26 anos. Contei que não tinha sido realmente difícil para mim reunir coragem para terminar o meu casamento em 1989.

De certa forma, eu não tinha escolha. Marnie se recusou a aceitar que os anos de atrito tivessem forçado duas pessoas à separação.

— Deve ter havido algo maior — ela disse.

— Bem... — hesitei. Eu tinha resistido a contar para Marnie por muitos anos; meu instinto natural era o de manter o status quo. Mas então me dei conta de que não estava mais casada com Tony. Meu voto de casamento já não valia. Assim como minha promessa de enterrar o meu segredo.

Marnie não disse uma palavra enquanto eu contava o caso com o presidente Kennedy. Ela era o melhor tipo de amiga, o tipo que ouve e não acha que tem de oferecer uma solução para cada problema. Às vezes tudo o que queremos é que outra pessoa nos ouça.

Quanto a mim, eu apreciei a oportunidade de finalmente contar tudo a uma amiga que tinha me conhecido na época do estágio. Senti que estava não apenas libertando a adulta que havia em mim, mas também meu eu de 19 anos. Foi bom.

Aos poucos eu ia eliminando camadas. Voltei a partilhar meu segredo após a morte de Jacqueline Onassis, em 19 de maio de

1994. Eu estava jantando com K. C. Hyland, uma amiga do Wheaton College, no Upper East Side de Manhattan. K. C. tinha caminhado desde o West Side através do Central Park e se deparara com um aglomerado de repórteres e fãs ardorosos que mantinham vigília do lado de fora do apartamento da sra. Onassis, no número 1.040 da Quinta Avenida. A sra. Onassis morrera há dois dias e eles estavam esperando pelos informes ocasionais sobre os detalhes do funeral que seu filho, John F. Kennedy Jr., fornecia.

Sabendo que eu tinha trabalhado na Casa Branca no período Kennedy, ela tocou no assunto da morte de Jackie durante o jantar e me perguntou se eu a conhecera.

— Não, nunca — respondi, e então relatei minha tentativa de entrevistar Jackie quando estava no Miss Porter, o que me levou ao estágio na Casa Branca.

— Você deve se sentir muito mal em relação à morte de Jackie — ela disse.

— Sinto, sim — respondi —, mas isso realmente me faz lembrar do presidente.

— E por que isso? — ela perguntou.

Então contei a ela.

Havia se passado quatro anos desde o meu divórcio. Eu tinha acabado de fazer 50 anos. K. C., recentemente separada, e eu tínhamos partilhado muitos passeios pelo Central Park e muitos jantares. Nossas conversas íntimas cobriam quase todos os tópicos que as mulheres solteiras de Manhattan abordariam: trabalho, família e, é claro, homens. Foi natural e confortável revelar a ela o meu segredo naquela noite; tudo, desde os banhos de piscina, até os ovos mexidos, as viagens e as noites passadas na Casa Branca. A princípio ela ficou atordoada, mas se recompôs para me pressionar a dar mais detalhes. Ela estava particularmente interessada na logística — como, onde e quando; como lidávamos com a primeira-dama; que papel o serviço secreto tinha tido nisso etc. Falei sem parar por duas horas. Não há dúvida de que eu tinha algum temor residual de que não fosse correto revelar tantos detalhes (os velhos hábitos não desaparecem facilmente com um segredo de trinta anos). Mas K. C. estava tão interessada nas minúcias e no meu retrato do presidente que me pareceu saudável desabafar.

Depois disso, K. C. me disse que se sentia honrada por eu ter compartilhado o meu segredo com ela, e sentia uma "pesada responsabilidade", como colocou, "de não contar a uma só alma".

Ela entendeu. Compreendeu o fardo que eu tinha carregado por tantos anos. Muito do que fazemos e do que pensamos é motivado pela necessidade de sermos compreendidos pelos outros. Ao partilhar com ela o meu segredo, eu finalmente tinha sido compreendida.

A última pessoa a quem eu contei foi o meu patrão, dr. Thomas K. Tewell, pastor sênior na Igreja Presbiteriana da Quinta Avenida. Ele era um profissional experiente em lidar com os confessores. Também era um homem sábio, a quem eu admirava muito. E era um amigo íntimo a quem eu chamava pelo apelido, Tom.

Era o ano 2000, o último ano da presidência Clinton e dois anos após o escândalo Monica Lewinsky ter vindo à tona. Nessa época eu já trabalhava na igreja havia cinco anos, administrando seu ministério audiovisual, o que significava que eu produzia e comercializava os áudios e os vídeos de todas as atividades públicas na igreja.

A Igreja Presbiteriana da Quinta Avenida não é uma casa de culto humilde, com campanário branco, numa estrada secundária em um bairro residencial. É um grande edifício em arenito marrom-avermelhado, cinco quarteirões acima da Catedral de St. Patrick, numa das esquinas mais movimentadas de Manhattan. Tom era um orador talentoso, e ele conduzia seus sermões de domingo de modo a atrair um grande público; não apenas membros da igreja, mas estranhos que estivessem passando por ali.

Seu sermão do dia 13 de fevereiro, parte do seu sermão sobre os dez mandamentos, concentrava-se no sétimo mandamento — "Não cometerás adultério" — e seu título, "Sexo é uma palavra de dez letras", certamente atrairia uma multidão.

Naquela manhã de domingo, os bancos do andar de baixo e a galeria no andar de cima estavam lotados. Coloquei meus gravadores no automático e tomei um lugar no templo. Eu não fazia isso com frequência, mas queria ouvir essa mensagem pessoalmente (e estava curiosa em relação à palavra de dez letras). A palavra veio a ser *fidelidade*. A tese de Tom era a de que, se você quisesse buscar uma vida de fidelidade do modo como Deus pretendia, você deveria prestar atenção a três princípios. O princípio número um sustentava que a sexualidade é um dom sagrado e deve ser exercida com muito cuidado. Sexo não é um jogo. O princípio número dois argumentava que Deus não é um puritano. Ele não quer nos roubar o prazer, mas lembra que a promiscuidade destrói relacionamentos. Alguém sempre sai ferido. O princípio número três afirmava que o desejo mais profundo do espírito humano é por intimidade. Sexo sem intimidade não é fidelidade.

É difícil argumentar com esses princípios, e Tom os reforçou com histórias, algumas engraçadas, outras perturbadoras. Uma delas me atingiu duramente. Ele disse:

— Sexo dá manchetes. Nós somos bombardeados pelas manchetes escandalosas. Todos nós sabemos os nomes e conhecemos as histórias: de congressistas, juízes, atletas, artistas, pastores e, sim, até do presidente dos Estados Unidos, não só o atual, mas os casos remetem a histórias de presidentes que estiveram envolvidos com mulheres que não eram suas esposas.

Um bom sermão revela a verdade; um grande sermão o faz de maneiras inesperadas. E este me surpreendeu. A princípio eu achei que Tom estivesse falando diretamente para mim, mas ele estava se referindo basicamente ao caso Clinton-Lewinsky e enfatizando que aquilo tinha machucado mais de uma ou duas pessoas.

Nunca me senti mais constrangida do que ali, sentada no templo. Era como se Tom tivesse acendido um holofote e direcionado sua poderosa luz sobre mim.

Nunca fui particularmente religiosa, não no sentido de ir à igreja regularmente ou acreditar em uma doutrina específica. Mas me considero espiritualizada. Acredito numa força além de nós, chamada Deus, e que a nossa busca e o nosso esforço para compreender essa força trazem sentido à vida.

Também adoro as coincidências, que considero primas em primeiro grau da espiritualidade. Estou sempre tentando atribuir um significado a coincidências que outras pessoas tendem a ignorar. Acredito que mistério e orientação estão em ação quando o telefone toca no momento em que estou pensando na pessoa do outro lado da linha, ou quando o livro perfeito cai da prateleira quando estou buscando respostas a um problema, ou quando uma viagem de trem que normalmente não faço traz de volta à minha vida um velho amigo que precisa de ajuda. Presto atenção às pequenas ligações entre mim e as outras pessoas. É uma forma de eu buscar uma conexão.

Sentada ali no banco, ouvindo as observações de Tom sobre a vida sexual dos presidentes e associando-as ao meu passado, a coincidência me desarmou.

Naquele momento eu soube que o procuraria depois do culto e lhe contaria a minha história. Eu precisava me descarregar completamente. Na maioria dos domingos, após o culto, enquanto eu preparava as fitas, etiquetava-as e atualizava o site da igreja, Tom metia a cabeça para dentro do meu escritório para que eu lhe indicasse, com um sinal de positivo ou negativo, qual era a perspectiva de venda de seus sermões (o sermão daquele domingo imediatamente se tornou nosso áudio mais vendido de todos os tempos). Mas naquele dia ele sentiu que havia algo de errado comigo, e combinamos um horário para conversar ao fim do dia, em seu espaçoso escritório no sétimo andar, que contemplava do alto a torre do relógio da igreja.

Comecei dizendo a Tom que seu sermão tinha tido um efeito especial sobre mim. Não me atrapalhei na parte seguinte. Usei basicamente as mesmas palavras com que iniciei este livro. Eu estava ansiosa por arrancar tudo do meu peito.

Talvez eu precisasse que ele me dissesse que eu não era culpada de promiscuidade naquela época. Talvez precisasse que ele me ajudasse a compreender por que eu estava sempre em busca de intimidade, mas não conseguia encontrá-la. Talvez eu precisasse que uma figura de autoridade espiritual me dissesse que eu estava bem — e que podia perdoar a mim mesma.

Tom não me desapontou. Ele ficou surpreso, mas não abalado pela minha história. Ele já havia ouvido histórias bem mais dolorosas ao longo dos anos. Tom tomou meu desconforto e o apresentou a Deus em oração. Ele orou para que eu estivesse sempre cercada pela graça e pela orientação de Deus ao lidar com essa parte da minha vida.

Eu hoje percebo que a cada vez que contei o segredo a alguém fiquei um passo mais próxima de restaurar minha saúde emocional.

Com Joan Ellis, aprendi que o mundo não desmoronaria se eu quebrasse a promessa feita a Tony.

Com minha irmã Deb, que intuiu o relacionamento com JFK, aprendi que talvez eu estivesse superestimando o potencial de choque do meu passado e exagerando a vergonha que as pessoas projetariam em mim. Minha irmã, por sinal, não viu nada de vergonhoso no meu segredo.

Com Marnie eu tive uma vívida lembrança da garota que eu era em 1963 — uma jovem animada e encantadora o suficiente para atrair o presidente dos Estados Unidos. Eu tinha literalmente afastado e me esquecido dessa jovem mulher.

De K. C. Hyland eu obtive compreensão.

De Tom Tewell eu recebi consolo, paz e até mesmo uma sensação de perdão. Suas palavras exatas foram:

— Ainda há o que se curar, e isso acontecerá.

Pela primeira vez desde a morte de JFK eu fui abençoada com uma sensação de graça e serenidade. Por que isso aconteceu nesse momento, não sei dizer ao certo. Alguns sentimentos se materializam dentro de nós, e sua fonte é um mistério. A melhor explicação vem de uma conversa que tive em 2010 com a dra. Evan Imber-Black, uma terapeuta e autoridade no poder dos segredos de família. Ela me disse que meu segredo sobre JFK tinha estado no centro do meu casamento com Tony. Ao concordar em não falar sobre isso, o segredo moldou o modo como nós dois nos relacionávamos um com o outro. Era uma dinâmica simples: não podemos falar sobre *isso*, portanto não podemos falar sobre mais nada que possa nos conduzir de volta a *isso.* Foi assim que o silêncio entrou no casamento, cresceu e nunca desapareceu. Agora ali estava eu, quase quarenta anos depois, rompendo o silêncio sem medo de represália — e sabendo que aquele era um passo para a cura.

Essa é a melhor explicação para a serenidade que senti. Meu segredo já não era assim tão importante. Eu tinha me libertado dele. Ele era parte de quem eu era, mas não me definia — e, depois de conversar com o dr. Tewell, o segredo deixou de me restringir. Eu realmente havia me livrado desse fardo.

Eu entendi o que a poetisa Kim Rosen quis dizer quando escreveu: "Quando você acolhe aquilo de que estava fugindo, sua vida já não é mais moldada pela tentativa de evitá-lo." Meu segredo não estava enterrado. Ele era simplesmente um fato do meu passado.

Capítulo Catorze

A serenidade que senti seria testada seriamente três anos depois pelo *Daily News* de Nova York.

Espero que a esta altura seja óbvio que não tenho nenhuma ilusão sobre mim mesma como uma personagem essencial e clandestina na história. Sei que sou uma nota de rodapé da história — não, risque isso. Não sou nem uma nota de rodapé, porque isso sugeriria que eu tive um papel no curso dos eventos históricos que de alguma forma teriam tido consequências; seria indicar que eu tivesse tido algum impacto sobre uma conversa ou decisão que afetou a vida de outras pessoas. Isso não aconteceu. Se eu fui alguma coisa foi uma nota de rodapé de uma nota de rodapé na história do 35º presidente dos Estados Unidos, alguém tão insignificante que um biógrafo diligente não pôde me identificar pelo nome completo ao narrar a vida de JFK.

Mas isso começou a mudar naquela terça-feira, 13 de maio, quando o *Daily News* publicou um artigo provocador com o título "Diversão e jogos com Mimi na Casa Branca", associando o nome a um caso de JFK com uma estagiária. O artigo não dava informações específicas sobre mim, mas senti que eles estavam se aproximando da verdade. Em outros tempos eu teria entrado em pânico e estaria uma pilha de nervos. Mas a essa altura a minha única preocupação era entrar em contato com as minhas filhas, que agora já tinham mais de 30 anos, eram casadas e tinham filhos, para que ouvissem a verdade de mim, e não pela imprensa.

Conversei com o dr. Tewell no dia em que a história de "Mimi" apareceu, e ele generosamente se ofereceu para pagar minha viagem até a casa de Lisa, na Virgínia, e de Jenny, em São Francisco. Mas eu não achava que tinha tempo suficiente para isso. O *Daily News* já tinha meu primeiro nome; eles me encontrariam em pouco tempo.

Mais tarde naquele dia, eu telefonei para as minhas filhas, articulando hesitantemente as palavras que eu havia planejado com cuidado em minha cabeça: Quando eu era estagiária em Washington, em 1962, eu tive um caso com o presidente Kennedy. O relacionamento durou quase 18 meses e, sim, eu contei ao seu pai, embora nós nunca tenhamos conversado a respeito desde o dia 22 de novembro de 1963.

Eu sempre me lembrarei com prazer de suas respostas.

Lisa disse:

— Mãe, não posso acreditar que você tinha 19 anos e não podia contar à sua própria mãe.

Ela me viu, imediatamente, como eu era na época: jovem, ingênua, vulnerável e isolada, até mesmo dos meus pais, por um segredo.

Jenny perguntou:

— Como você se sentiu tendo de esconder a verdade por tanto tempo?

Ela imediatamente se concentrou no fardo que eu tinha carregado.

Estando as minhas filhas informadas, deixei de me preocupar.

No dia seguinte, fui trabalhar. Nada aconteceu a princípio. Nenhum telefonema, e-mail ou mensagem incomum. Por volta do meio-dia, o dr. Tewell me disse que ficaria fora por alguns dias e tinha pedido à pastora assistente, Janice Smith Ammon, que cuidasse de mim e me ajudasse, em caso de necessidade. Jan e eu tivemos uma conversa maravilhosa naquela tarde sobre como essa história poderia libertar algo dentro de mim e mudar a minha vida de maneiras que eu não poderia sequer imaginar, e para melhor. Embora eu não gostasse da ideia de ser pressionada pela imprensa (quem gosta?), eu sabia que contar a verdade era não apenas minha única opção, mas possivelmente minha salvação.

Voltei ao meu escritório no primeiro andar da igreja e encontrei Celeste Katz, a repórter do *Daily News,* esperando do lado de fora da minha porta. Ela me perguntou diretamente se eu era a Mimi que tinha sido mencionada no artigo do *Daily News*, no dia anterior.

— Sim, sou eu — respondi.

Convidei-a a me acompanhar ao templo da igreja, ao lado do meu escritório. Eu tinha um lugar preferido no nono banco, então a conduzi até lá. Ao nos sentarmos naquele grande espaço silencioso, mantive a serenidade. Ela me fez perguntas básicas para checar alguns fatos: minha idade, meu trabalho, meu estado civil, o ano em que me formei no Miss Porter. Respondi a todas elas calmamente e pedi que ela partisse. Ela perguntou se o jornal poderia tirar uma foto. Respondi educadamente que não.

As horas restantes daquele dia foram passadas num tango cômico com a mídia. Jan me avisou que havia um fotógrafo do *Daily News* parado junto à entrada da igreja na Fifty-fifth Street, com ordens para conseguir uma foto minha. Portanto, depois de procurarmos atrapalhadamente pelas chaves, ela e eu decidimos destrancar a imensa porta da frente da igreja e sair por onde ninguém esperaria que saíssemos: pela entrada principal, na Quinta Avenida. De mãos dadas, descemos apressadas a escadaria e corremos em direção à Madison Avenue para pegar um ônibus para o meu apartamento. Tivemos de rir do ridículo de tudo aquilo.

No meu prédio, na Ninetieth Street, um repórter atrevido do *National Enquirer* tinha entrado furtivamente, subido até o sétimo andar e batido à minha porta, sem resposta. Ele estava saindo do elevador quando Jan e eu entramos. A porta se fechou antes que ele se desse conta de quem éramos, e nós subimos até meu apartamento em paz. Chamei o síndico, que acompanhou o repórter até o lado de fora do edifício. Dentro do apartamento, o telefone começou a tocar incessantemente. Deixei que as ligações enchessem minha secretária eletrônica — e observei para mim mesma que as notícias correm depressa.

O dr. Tewell tinha me advertido de que, a menos que eu desse uma conferência de imprensa no meu prédio — não, obrigada —, eu deveria preparar uma declaração para manter a mídia a distância quando a história viesse à tona. Eu a escrevi e li pelo telefone para Tom e minhas filhas naquela noite.

De junho de 1962 a novembro de 1963 eu tive um relacionamento sexual com o presidente Kennedy. Pelos últimos 41 anos eu não toquei nesse assunto. Diante da recente e ampla cobertura da mídia, eu agora discuti o relacionamento com minhas filhas e família, e eles me deram todo o seu apoio.

Não tenho mais comentários a fazer sobre o assunto. Peço que a mídia respeite a minha privacidade e a da minha família, nesta questão.

Achei que a declaração era curta e digna, com informações específicas suficientes para alimentar o monstro da mídia. Tom preferia que eu tivesse dito "caso de amor" em vez de "relacionamento sexual", mas eu não queria nenhuma ambiguidade na afirmação, que só levaria a novas perguntas. Se eu fosse assediada pela imprensa, eu apenas lhes entregaria a declaração e encerraria o assunto.

Na manhã seguinte, quinta-feira, 15 de maio, chequei o *Daily News* on-line e lá estava a manchete de primeira página: "A estagiária de JFK admite tudo: funcionária da igreja da cidade, 60 anos, ela diz: 'Eu sou a Mimi.'" Saboreei o estilo peculiar da expressão "a Mimi" — como se eu fosse algum tipo de ser alienígena do mal. Telefonei para o síndico do prédio, que me informou que um grupo de repórteres estava esperando por mim na rua, incluindo a equipe de filmagem da CNN. Jan veio até a minha casa, como tínhamos combinado, para me acompanhar ao trabalho. Ao sairmos do prédio, entreguei a declaração e saltamos para dentro de um táxi que estava à nossa espera. Quando ele estava saindo, vi Celeste Katz aparecer na minha janela e dizer: "Me desculpe." Mas não havia nada por que se desculpar. Tudo o que ela havia escrito era absolutamente verdadeiro, e eu estava convencida de que ela tinha me feito um grande favor.

O absurdo da mídia era ainda pior na igreja — telefones tocando, repórteres importunando meus colegas quando chegavam para trabalhar em busca de boatos sobre mim —, e decidimos, por volta do meio-dia, que eu deveria voltar para casa, fechar as cortinas e esperar a loucura passar.

Então fiz isso. Fui para casa e me comprometi a permanecer em prisão domiciliar pelo tempo que fosse necessário.

Meu confinamento não foi desagradável. Meu apartamento era aconchegante e confortável. Coloquei em dia minha leitura e meu tricô. Os amigos me traziam comida e me faziam companhia. Eu fazia contato com Lisa e Jenny algumas vezes por dia. Meu atencioso síndico guardava a porta da frente do prédio e me informava a localização de repórteres e fotógrafos que permaneciam do outro lado da rua. Ficávamos imaginando por que eles não iam embora. O síndico, que a essa altura tinha desenvolvido um relacionamento amistoso, porém firme, com os repórteres que me mantinham cativa, disse que eles achavam que eu tinha dado um jeito de escapar pela porta dos fundos e que tinha sido levada às pressas para Nova Jersey por um membro da família.

Recebi dezenas de e-mails e cartas de familiares e amigos. Era difícil não me sentir apoiada com mensagens como esta no meu computador: *Eu chorei ao ler o artigo no* Daily News. *Chorei por causa da sua honestidade, sua coragem e talvez, mais que tudo, pela sua autoconfiança. Você é uma pessoa maravilhosa e tem uma força incrível. Eu me orgulho de ser sua amiga. Eu te amo muito.*

Mensagens de voz de repórteres de todo o mundo e cartas entregues diretamente a mim, solicitando entrevistas na TV, continuavam a chegar.

Não respondi a nenhum pedido — nem mesmo dos meus preferidos, como Katie Couric e Diane Sawyer. Confiei na minha voz interior, que dizia: "Fique quieta. Fique tranquila. Você está no comando."

Após cinco dias, os repórteres desapareceram da rua abaixo do meu apartamento e me senti segura para correr no Central Park e comprar minha própria comida. Os pedidos da mídia foram diminuindo aos poucos, e logo eles também pararam. Em pouco tempo eu estava de volta ao trabalho e à rotina de sempre. Eu tinha sobrevivido.

Minha prisão domiciliar tinha feito bem às minhas emoções, à minha autoestima, ao meu estado de espírito e à minha decisão de não me esconder da verdade e ainda assim manter a minha privacidade e a minha dignidade. E gostei do fato de não ter me abalado ao revelar o segredo. Minha reação calma a um evento que eu havia temido por anos tinha sido conquistada com dificuldade. Mas a vida pode mudar da noite para o dia quando se é assunto de manchetes de tabloides. E a minha estava a ponto de mudar de um jeito como eu nunca havia sequer sonhado.

Uma das cartas que recebi foi de um homem chamado Richard Alford. Embora seu nome me soasse vagamente familiar, não conseguia me lembrar de nada sobre ele, e estava certa de que não o conhecia. Mas quando ele leu a história na primeira página do *Daily News*, entrou em contato comigo. Foi isso que ele escreveu:

> *Querida Mimi,*
>
> *como você é inteligente, tenho certeza de que previu que seu comentário breve e direto lhe traria muita exposição. Como amigo, espero que você se apegue à sua declaração e apenas deixe a tempestade passar. Não preciso lhe dizer que você receberá propostas de todo tipo de gente para livros, aparições na TV (Larry King, Barbara Walters etc.), filmes para a TV etc. etc. Espero que você não precise do dinheiro,*

pois eles vão falar em muito dinheiro. Eu diria que falarão em milhões. Como amigo, espero que você mantenha firmeza.

Eu passei os últimos sete anos e meio na Índia e em Tóquio, iniciando (na Índia) e administrando os escritórios para a IMG. Mark McCormack, o fundador da IMG e meu amigo e patrão, morreu há apenas algumas horas, depois de permanecer em coma por quatro meses. Tudo muito triste... Eu moro na 91th Street com a Madison e adoraria vê-la quando a poeira baixar (sempre baixa). Se desejar um conselho amigável e gratuito sobre alguma questão, me telefone em casa. Não vou muito para o escritório.

Cuide-se e boa sorte,
Dick

Não respondi seu bilhete. Mas suas palavras causaram-me uma impressão distinta por vários motivos. Uma delas foi que apreciei sua perspicaz advertência sobre todas as ofertas e os altos valores que me seriam oferecidos nos próximos dias. Mais que tudo, porém, achei estranho receber um conselho tão pessoal de um estranho que tomava a liberdade de se referir a mim como uma "amiga". Eu não conhecia aquele homem. Como ele podia dizer que me conhecia? Guardei a carta junto com todas as outras.

Eu havia completado 60 anos uma semana antes de a notícia estourar. Estava solteira e vivendo sozinha em Manhattan há 13 anos. Durante boa parte desse tempo eu tinha vivido um relacionamento fundamentalmente infrutífero, cheio de idas e vindas, com um homem. Digo fundamentalmente infrutífero porque ele nunca foi o homem que eu esperava: alguém com quem eu partilhasse interesses e com quem soubesse, lá no fundo, que podia compartilhar minha vida para sempre. Nosso relacionamento continuou, ano a ano, basicamente por inércia, quase como se não tivéssemos percebido o tempo passar. Terminou de vez em 2002. Não fiquei triste ou desanimada. Fiquei foi incomodada comigo mesma por ter perdido tanto tempo e por ter ignorado como realmente me sentia em relação ao nosso relacionamento. Eu não estava ficando mais jovem.

Mas nunca perdi a esperança. Eu queria o que todo mundo quer: amar e ser amada.

Amigos me sugeriram uma agência de relacionamentos de Manhattan, mas, depois de pagar uma taxa antecipada de 2.500 dólares e preencher meu perfil, notei uma grave falha em seu modelo de negócio: *eles* nos combinavam com o assim chamado homem certo e *eles* determinavam se o conheceríamos ou não — o que tirava o controle das minhas mãos e, sejamos francos, também acabava com toda a graça. Que vantagem há em divulgar quem você é e o que está procurando em um relacionamento se não puder ter acesso às respostas e decidir o passo seguinte por si mesmo? É uma decisão pessoal; ninguém deveria tomá-la por você.

Eu sabia que os grandes sites de relacionamento da internet ofereciam mais opções, e decidi colocar meu perfil no Match.com. Incluí as estatísticas pessoais de costume, acrescentando que meu filme preferido era *A testemunha*. Terminei escrevendo: "Eu adoraria estar com um homem que queira cozinhar junto comigo."

O ato de escrever um perfil me forçou a articular o que eu estava procurando em um homem. Não encontrei essa pessoa entre os cinco homens que conheci on-line. Cada encontro foi suficientemente agradável, mas com um momento esquisito e inesperado que me incomodou. O primeiro homem, por absoluta coincidência, tinha trabalhado para um velho amigo meu que o tinha demitido. O homem ainda guardava mágoas em relação a isso e as verbalizou persistentemente durante o jantar. Eu lhe disse que não toleraria ouvir nada de ruim sobre alguém que eu admirava — ou nosso encontro estaria terminado. Outro candidato chegou duas horas atrasado ao meu escritório para me buscar para jantar. Lembro-me de saltar ansiosamente para dentro do seu carro (talvez porque a essa altura eu estivesse faminta), apreciar nossa refeição juntos, e depois saltar do seu carro com a mesma ansiedade quando ele me levou para casa e se convidou para subir ao meu apartamento. (Isso não aconteceria de jeito nenhum.) A cada encontro eu aprendia a me afirmar e a não ficar com alguém que não fosse certo para mim.

Meu quinto e último encontro foi a própria revelação. A essa altura eu já tinha aprendido que o primeiro encontro devia ser para "um café", e não para almoçar ou jantar. Nós nos encontramos em um café grego. Ele era magro e atlético, um ciclista ávido. Eu poderia ter deixado passar seu riso nervoso e seu aperto de mão pegajoso, mas não o fato de ele pedir três pratos enquanto eu tomava meu café. Pior, ele passou o tempo todo falando de si mesmo, e foi certamente por isso que, já na rua, ele me disse que tinha se divertido muito comigo.

— Vamos repetir o encontro — ele disse.

— Não vamos não — eu disse, dando um giro de 180 graus e indo embora.

Quando virei a esquina e entrei na rua lateral, fora de seu campo de visão, eu me sentia alegre, comemorando como se tivesse marcado um ponto crucial de encerramento numa partida de tênis. (Se estivesse usando um chapéu, provavelmente o teria lançado no ar, como na abertura do show da Mary Tyler Moore.) Sim, eu tinha sido rude, mas esse pequeno ato de assertividade era um enorme passo à frente para mim. Eu imediatamente liguei do celular para minha irmã Deb, no Oregon, para partilhar o momento com ela. Mais do que ninguém, ela compreendia o quanto eu tinha sido reprimida e passiva com os homens ao longo da minha vida.

— Você não vai acreditar no que acabei de fazer... — Contei a ela e então descrevi o encontro em detalhes.

— Parabéns! — foi tudo o que Deb conseguiu dizer. Naquele momento eu senti que alguém poderia me dar um diploma por finalmente ser a pessoa que eu queria ser.

Algumas semanas depois, o livro de Dallek e a história do *Daily News* invadiram a minha vida e eu retirei o meu perfil da internet.

Três meses depois, numa tarde quente de sábado, em agosto, eu estava na minha sala de estar, lendo. Em Nova York, os fins de semana de agosto são diferentes dos do restante do ano. A cidade está um forno. As ruas estão sinistramente silenciosas porque muita gente viaja nos fins de semana. Nesses dias eu visito frequentemente minhas amigas casadas em Connecticut, mas naquele fim de semana eu decidi ficar em casa. Era terapêutico ficar sozinha; por anos eu mantive um antigo bloco de estenografia junto à minha poltrona preferida, anotando pensamentos e criando listas de coisas a fazer — listas intermináveis. O outono logo chegaria. O que eu queria fazer? Como eu via o desenrolar da minha vida? Quais eram meus objetivos? Eram essas as minhas perguntas naquela tarde de sábado. Peguei meu bloco de estenografia para começar a escrever quando um pensamento, quase uma voz, entrou na minha cabeça. Talvez o fato de estar em casa tenha me feito lembrar da solidão forçada que eu tinha desfrutado depois da notícia no *Daily News*. Talvez eu quisesse reviver os sentimentos de autoconfiança por ter lidado tão bem com tudo aquilo. Fosse o que fosse, fui atraída à gaveta de arquivo no meu armário e puxei a pasta sobre tudo o que tinha acontecido em maio. Lá estava o bilhete de Dick Alford.

Sentei-me à minha escrivaninha e escrevi para ele. Dez dias depois ele respondeu, dizendo que me telefonaria em meados de setembro quando retornasse de uma viagem de duas semanas. Quando nos falamos pelo telefone, sugeri minha tática para os primeiros encontros — um café —, mas Dick me convenceu de que ele era suficientemente interessante para que arriscássemos uma refeição completa.

Embora ele afirmasse me conhecer, eu não o reconheci quando nos encontramos para jantar em um restaurante do bairro, entre o apartamento dele e o meu. Minha primeira impressão foi positiva. Ele tinha a minha altura. Tinha feições faciais bem-delineadas, olhos azuis-prateados e sobrancelhas grossas e professorais. Apesar de seus cabelos completamente brancos, ele tinha um passo vigoroso e segurou a porta para mim ao entrarmos no restaurante, o que é sempre um bom sinal.

Começamos falando de amenidades, surpresos por termos vivido a dois quarteirões de distância sem nunca termos nos visto na rua, em um caixa automático ou mercado. Dick explicou que pelos oito últimos anos ele tinha vivido e trabalhado na Índia e no Japão, retornando a Nova York apenas nas férias. Mas agora tinha voltado de vez. Fiquei sabendo que ele estava divorciado havia quase trinta anos, que tinha dois filhos adultos e que tínhamos muitos amigos e interesses em comum. Ambos tínhamos sido maratonistas, amávamos Nova York e o nosso país e considerávamos o Central Park um santuário cívico.

As semelhanças não paravam aí. Descobri que, assim como Tony, Dick tinha se formado no Williams College e na faculdade de administração de Harvard. Também como Tony, seu primeiro emprego ao sair da faculdade tinha sido na Morgan Guaranty. Embora Dick não fosse da mesma turma nem amigo íntimo, ele havia conhecido Tony e lembrava-se de nos ver em festas no Upper East Side, em meados dos anos 1970. A maior parte da sua carreira tinha sido na área de marketing esportivo e por vários anos havia trabalhado no desenvolvimento de patrocínios corporativos para a maratona da cidade de Nova York e para uma corrida chamada Fifth Avenue Mile (Milha da Quinta Avenida). Foi assim que me conheceu no início dos anos 1980, no escritório do Clube de Corredores de Rua de Nova York, quando eu trabalhava lá. Gostei de ele ter se lembrado de mim, embora eu tenha me esforçado em vão para me lembrar de tê-lo conhecido — um fato que não pareceu perturbá-lo.

Então algo se acendeu que me trouxe mais para perto de Dick. Lembrei-me de uma pequena coincidência que acontecera em maio. Dick havia escrito seu bilhete para mim no dia em que seu patrão e amigo de quarenta anos, Mark McCormack, falecera. Se não me lembrava do rosto de Dick, pelo menos me lembrava do nome do seu patrão. Uma semana depois de receber o bilhete de Dick, no meu primeiro dia de volta ao trabalho após a prisão domiciliar, o dr. Tewell viera ao meu escritório para conversar sobre uma gravação de áudio em um culto fúnebre que aconteceria mais tarde, naquela manhã, no templo. Aquilo se destacou porque Arnold Palmer e Jean-Claude Killy — grandes estrelas do esporte da minha geração — apresentariam seus tributos fúnebres e a soprano Renée Fleming cantaria a *Ave Maria* de Schubert. O culto fúnebre era para o patrão de Dick. Ocorreu-me que Dick devia estar na igreja naquele dia enquanto eu cuidava da gravação.

Era um estreito fio de sincronicidade, certamente, mas o bastante para me convencer de que aquele não seria o nosso primeiro e único jantar juntos.

No nosso segundo encontro para jantar, identificamos uma ligação aparentemente tola em relação à couve-de-bruxelas. Dick anunciou que era sua verdura preferida. É possível que tenha sido nesse momento que senti as primeiras pontadas de amor por ele. O que poderia ser melhor, pensei, do que um homem que tivesse o mesmo entusiasmo por couve-de-bruxelas que eu?

Logo estávamos nos vendo duas ou três vezes por semana. Caminhávamos e conversávamos à exaustão no Central Park. Trocávamos lembranças sobre corridas das quais, sem saber, tínhamos participado juntos. Ele me contou que nos anos 1970, como um pai divorciado, ele pegava seus dois filhos pequenos em Delaware, voltava para Nova York para ficar o fim de semana com eles, e passava horas intermináveis no parque. Ele me mostrou as rochas no extremo norte do parque onde os ensinou a escalar. Lembrou-se de ter tomado conta de seus filhos — um ainda usando fraldas — sozinho, temendo não conseguir dar conta, e então dando conta. Vi um homem sensível, responsável e amoroso — e gostei do que vi. Ele parecia querer me contar tudo a seu respeito, mas também estava cauteloso para não exagerar.

Uma noite, Dick chegou ao meu apartamento armado com panelas, frigideiras e todos os ingredientes, incluindo os temperos, para preparar o jantar para nós. Um homem que cozinha é bom, pensei — na verdade, mais do que bom. Enquanto ele preparava a refeição, revelou timidamente seu interesse oculto em todo aquele esforço. Ele tinha iniciado a dieta de South Beach para perder alguns quilos para me impressionar e queria garantir que seguiria as orientações da dieta.

Relembrando o que eu havia escrito sobre cozinhar junto ao fim do meu perfil no site de relacionamentos, comecei a suspeitar de que tinha encontrado um excepcional companheiro em Dick.

Apesar de todo o tempo que passávamos juntos, não foi um namoro rápido. Foi cauteloso, cortês, talvez até lânguido. Já namorávamos há nove meses quando Dick me convidou para ir à sua casa de campo em Berkshires, Massachusetts, numa pequena cidade chamada Alford (nenhuma relação, apenas coincidência). Dick havia feito preparativos homéricos para o fim de semana no início de maio de 2004, para me proporcionar um grande momento numa parte do mundo que ele adorava. Era também meu 61º aniversário. Ele organizou tudo: pontos turísticos, eventos, compras, refeições, vinhos e até os filmes que assistiríamos à noite. No segundo dia eu estava não apenas exausta, mas aflita. Sentia que Dick estava tão empenhado em me fascinar que tinha se esquecido do que eu estava sentindo. Não estávamos nos relacionando. Estávamos cumprindo uma lista de coisas a fazer durante o fim de semana, mas não partilhando o mais simples contato emocional e físico — que era o que eu realmente queria. Tudo o mais era "bom de se ter", mas não o "essencial".

Durante o café da manhã eu falei das minhas preocupações.

Fiquei atordoada com a sua reação. Ele não apenas levantou a voz. Ele entrou num longo discurso irado e nervoso, censurando-me por não apreciar todo o esforço que ele tinha feito, zombando de mim por ser tão negativa.

Eu conhecia bem esse tipo de raiva e intimidação do meu casamento. Mas dessa vez não toleraria aquilo. Preferia ficar sozinha a abrir mão do que queria em um relacionamento. Eu havia cometido erros e tinha aprendido com eles, e simplesmente não iria repeti-los.

Por isso arrumei minhas coisas e peguei o primeiro trem para casa. Permaneci sentada, imóvel, durante todo o trajeto até Nova York, alternando entre olhar direto à frente e irromper em lágrimas. Felizmente, ainda era cedo e o vagão estava vazio; não havia passageiros para aguentar meus soluços.

Eu estava certa de que as coisas tinham terminado entre mim e Dick. Mas ele telefonou uma semana depois, o que me impeliu a escrever a ele uma carta usando a conveniente frase de que eu estava "triste por nosso relacionamento não ter dado certo". Então prossegui, explicando o que havia faltado no fim de semana. Era simples: embora nós estivéssemos nos divertindo, Dick estava distante de mim. No nível mais básico, eu precisava ouvir dele o que sentia sobre estar comigo. Ele poderia ter feito isso com uma palavra, um toque, um olhar, uma piada. Mas não o fez. E isso me entristeceu. Eu não queria saber desse tipo de relacionamento.

Depois de ler a minha carta, ele telefonou outra vez, dizendo que queria saber exatamente como eu definia um relacionamento saudável. Essa coisa sentimental era nova para ele, e ele queria melhorar. Concordamos em discutir isso tomando um café no Starbucks da Eighty-seventh Street com a Lexington Avenue. Ele estava sentado junto à janela quando cheguei. Eu estava ansiosa por vê-lo, mas também cautelosa. Não o abracei nem beijei antes de me sentar. Mais uma vez, descrevi o que esperava dele quando estivesse comigo. Eu estava tentando ser clara em relação às minhas necessidades de afeto emocional e físico e sobre o tipo de atenção amorosa e espontânea que, para mim, definia uma parceria forte e íntima. Eu podia dar isso a ele, mas esperava receber o mesmo de volta. Mais que tudo, esperava total honestidade da parte dele. Isso não significava que tinha de partilhar absolutamente todo detalhe comigo. Significava apenas que no espaço que nos mantinha juntos, não haveria segredos. Menos que isso seria desonesto. Eu havia passado toda a minha vida acalentando equivocadamente um segredo e deixando que ele fechasse, uma a uma, as portas para o meu coração. Eu não iria cometer esse erro novamente.

Eu podia notar em sua expressão angustiada que ele estava tentando assimilar a minha explicação. Ninguém, ele admitiu, nunca havia falado com ele dessa forma. Mas fiquei enternecida por isso, também. Se tentava assimilar, significava que ele estava ouvindo.

Nós nos despedimos sem uma promessa de nos vermos novamente. Caminhei para o norte de volta ao meu apartamento, revendo minhas palavras e me sentindo satisfeita por ter assumido o controle e afirmado, nos meus termos, meus sentimentos acerca de um relacionamento com um homem.

Dick entrou no metrô na Eighty-sixth Street, seguindo para o sul, para uma festa de solstício de verão, do outro lado de Manhattan. Então ele fez uma coisa incrível. Na estação seguinte, ele desceu do metrô e subiu as escadas até a rua. Ele estava tentando se lembrar de tudo o que eu havia dito e queria tomar notas. Mas não tinha uma caneta. Ele comprou uma na rua e registrou suas observações em pedaços de papel que estavam em seu bolso.

Acho que senti isso ao caminhar de volta para o meu apartamento. Eu tinha finalmente encontrado um homem que não depreciava minhas necessidades, que as dignificava ao se abrir à possibilidade de mudar coisas em si mesmo.

Começamos a nos ver novamente pouco depois disso. Se houve um momento "elétrico", em que ambos soubemos que tínhamos encontrado a pessoa certa no outro, foi quando estávamos sentados num banco no parque, na Ninetieth Street com a Quinta Avenida, sob a estátua de Fred Lebow, meu falecido patrão e fundador do Clube de Corredores de Rua de Nova York. Nós dois conhecíamos Fred. A estátua o mostra olhando para o seu relógio, marcando o tempo de um corredor. Mas Dick e eu estávamos pensando a mesma coisa — que Fred, na verdade, estava nos dizendo: "Já não era sem tempo."

Em 2 de outubro de 2005, Dick e eu nos casamos em Alford, Massachusetts. Eu tinha 63 anos e ele, 67. Nós entregamos nossos apartamentos em Nova York e hoje vivemos aposentados em uma pequena casa no campo. Partilhamos uma vida cheia de longas caminhadas e passeios de bicicleta, culinária e jardinagem, cultura e viagens, muitos familiares e amigos, e um amor que continua a crescer.

Nosso casamento é o que gosto de chamar de uma "aventura mundana". Nós encontramos uma maneira de tomar os rituais comuns do dia a dia e de alguma forma torná-los agradáveis.

Mesmo as simples exigências de se viver com uma renda fixa têm seus momentos. Nós temos um ritual semanal ao qual chamamos de "sextas-feiras", quando Dick e eu revemos cada centavo gasto na semana anterior — desde os 26 dólares para encher o tanque de gasolina até os 10,50 dólares da matinê no Triplex, e os 307,25 dólares gastos em um seguro. Somamos tudo e dividimos meio a meio e reembolsamos quem mais gastou na semana para que tudo fique equilibrado. Às vezes um de nós destaca um item que apenas um de nós precisou e desfrutou — e deduzimos isso do total. É um pequeno gesto, mas me faz lembrar de que mesmo em nossas sessões de orçamento doméstico nós encontramos uma maneira de dar ao outro um presente.

Já não preciso lembrar a Dick como agir em um relacionamento comigo. Com frequência é ele quem me oferece momentos de aprendizagem. Uma manhã, ele estava preparando o café para nós, colocando tiras de bacon em uma frigideira novinha. Mencionei que o fogo estava alto demais.

Ele calmamente se virou e disse:

— Mimi, às vezes eu preciso cometer meus próprios erros.

Ele estava certo, claro.

Em outra ocasião, mais uma vez durante o café da manhã, já casados há dois anos, Dick fitou meus olhos e, num tom inexpressivo, seco como a areia do deserto, disse:

— Mimi, quando casei com você eu achava que tinha conquistado a mulher perfeita. Mas, agora que já vivo com você há alguns anos, me dou conta de que você tem um monte de problemas e defeitos.

Tive de revidar. Tomei as mãos de Dick e disse:

— Entendo o que você quer dizer. Quando eu o conheci, achei que você tinha um monte de problemas sérios. Eu não sabia se isso entre nós iria funcionar. Mas agora que estamos juntos há algum tempo, tenho de admitir: você é perfeito!

Nós rimos. Nenhum de nós é perfeito, mas somos perfeitos juntos.

Sei que estou exaltando meu marido e meu casamento, mas o faço como uma lição objetiva sobre como encontramos a felicidade quando menos a esperamos — se soubermos procurar e lutar por isso. Digo isso porque acho que mereço crédito pelo saudável estado de espírito que tenho hoje. Eu não apenas encontrei um homem que me amava. Encontrei um homem que me levou a conhecer a mim mesma.

No início de 2011, Dick e eu alugamos uma casa em West Palm Beach, Flórida, para fugir de um inverno atroz em Alford. Nosso amigo Mark estava nos visitando num fim de semana quando Dick descobriu que haveria um torneio profissional de golfe a vinte minutos dali, em Boca Raton — e, para seu prazer, a inscrição era gratuita. Como nós três poderíamos perder isso?

Saltamos para o carro e fomos ao torneio. Dick estava ao volante. Ao nos aproximarmos do local do evento, houve alguma confusão sobre onde estacionar. Dick passou por um estacionamento, depois por outro, e mais outro, parecendo não perceber que estava nos afastando cada vez mais da entrada do torneio. Mark se virou para mim e perguntou:

— Isso não a enlouquece?

— De jeito nenhum — respondi. — Eu não deixo que pequenas coisas como esta estraguem meu dia. Ser feliz é mais importante do que estar certa sobre onde estacionar.

— Isso é muito sábio — disse ele.

Eu me dei conta de que ele estava certo — e percebi o quanto eu havia evoluído. O que parecia tão simples de se conquistar — a felicidade do momento e com um ótimo homem — parecia sabedoria pessoal a quem observasse de fora.

Já não sou a esposa e mãe passiva e silenciosa. Tenho uma voz. E parte de ser feliz é usar esta voz para me impor nos momentos em que meu bem-estar emocional está em risco, e permanecer quieta quando não for importante. Se Dick quisesse se atrapalhar todo percorrendo o bairro à procura de uma vaga de estacionamento a quilômetros de distância da partida de golfe, que importância tinha isso num quadro geral? Haveria um ônibus para nos transportar até o portão. Nós estaríamos juntos o tempo todo.

Sei que estou feliz. Mas o mais incrível é que a positividade que sinto por dentro transparece do lado de fora. Minha irmã Deb percebe isso claramente — e com a maior satisfação. Dick e eu estávamos dirigindo por Bainbridge Island em Seattle com Deb e seu marido, Perry. O carro estava cheio de boas vibrações e riso bobo. Estávamos nos divertindo a valer quando Deb exclamou:

— Oh, Dick, é maravilhoso que você esteja com a Mimi. É tão divertido estar com vocês dois. Você merece a moeda.

Eu não tinha ideia do que ela estava falando.

— Que moeda? — perguntei.

Deb explicou que numa ocasião, no fim dos anos 1990, ela estava dirigindo pelo norte da Califórnia quando eu a chamei pelo celular de Nova York para um necessário apoio de irmã. Nós tínhamos essas conversas interurbanas com frequência e elas sempre me animavam. Nessa ocasião eu estava mais chorosa e triste do que de costume, imaginando se algum dia eu seria realmente feliz. Deb saiu da estrada e entrou em um estacionamento deserto para que pudéssemos conversar mais. Depois de desligar, ela saiu do carro para esticar as pernas e ali no chão, brilhando ao sol, havia uma moeda de cinquenta centavos, com a efígie de Kennedy. Ela a pegou e disse para si mesma:

— Vou guardar esta moeda e dá-la ao homem que fizer minha irmã feliz.

— Você está brincando... — eu disse. — Você nunca me contou isso.

Dois dias depois de retornarmos de Seattle, chegou um pacote para Dick. Era uma pequena caixa no formato de um coração, e dentro dela estava a moeda de cinquenta centavos com a efígie de Kennedy. O bilhete de Deb dizia: "Querido Dick. Em anexo como prometido. Obrigada por fazer Mimi tão feliz."

Hoje eu raramente penso em JFK. Mas agora é por escolha pessoal, e não por imposição de alguém. No entanto, ainda derramo lágrimas quando vejo uma foto dele, e às vezes minha voz fica embargada quando falo sobre ele. As lembranças do tempo que passamos juntos se misturam a imagens da sua horrível morte e ao trauma emocional que vivi no dia em que ele morreu, e volto a ser aquela moça de 19 anos. Isso provavelmente jamais irá mudar.

Quero falar a essa jovem mulher, mas não estou certa de que eu tenha algo profundo a dizer ou mesmo de que ela vá me ouvir. Não sei se conseguiria aconselhá-la adequadamente sobre o que fazer com o seu segredo sobre JFK, ou como assumir o controle da sua própria história. Não estou certa de que revelá-lo à família e aos amigos modificaria sua vida ou salvaria seu casamento, ou se a libertaria de sua bolha emocional ou lhe traria décadas de contentamento ininterrupto. Talvez mudasse o curso da sua vida. Talvez não.

Eu sempre me questionei se os anos de confusão e dúvida valeram a pena. Só posso responder a essa pergunta com um sonoro sim. Porque eles fizeram de mim quem eu sou hoje. Sou prova de que, se tivermos sorte, sairemos mais sábios, fortes e melhores de nossos erros — e se tivermos muita sorte, sairemos felizes.

Recordo aquele momento fundamental no café, quando delineei para Dick o que eu buscava num relacionamento. O que mais eu me lembro é de como ele me ouvia com atenção. Quando alguém o ouve, talvez sem saber, está lhe dando um grande presente: está abrindo um espaço para a sua voz. Foi isso que o contentamento no meu novo casamento me deu: uma voz. É por isso que sou capaz de escrever estas palavras e este livro.

Em janeiro de 2009, Dick e eu fomos a Washington, D.C., para visitar o túmulo de JFK no cemitério nacional de Arlington. Eu nunca tinha visto o local e estava curiosa para ver que emoções e memórias a visita inspiraria. Bem, curiosa e também com medo.

Fazia -13ºC sem o vento gelado enquanto caminhávamos pela neve até o modesto túmulo ao pé de um monte. Abaixo da grandiosa Arlington House, em estilo grego, a cidade de Washington estendia-se diante de nós. A lápide plana de JFK repousava ao lado da de Jacqueline Bouvier Kennedy Onassis. Mesmo que não estivesse tão gelado, eu não teria me demorado diante do seu túmulo. Ao contemplar a cena, senti-

-me uma intrusa. O legado Kennedy havia pairado sobre a minha vida de uma forma silenciosa e perniciosa por muito tempo, mas eu, na realidade, nunca fiz parte daquela história. Como já disse, eu fui uma nota de rodapé de uma nota de rodapé. E ali parada, aconchegada ao meu marido para me manter aquecida, com meu braço metido debaixo do seu, eu me sentia absolutamente em paz com isso.

Pouco antes de partir, eu disse silenciosamente "Obrigada" em gratidão e admiração pelo fato de o meu segredo, fonte de tanta dor, ter se tornado a força redentora da minha vida. Sem o segredo e a sua revelação pública, eu jamais teria conhecido Dick ou encontrado a vida que tenho hoje. Quaisquer lembranças que eu tenha tido de JFK ficaram no passado, pertenciam a ele e lá ficariam. Tudo o que importava era que, finalmente, eu estava em paz.

Este é um segredo que me alegro em revelar e partilhar.

Agradecimentos

Meus sinceros agradecimentos às seguintes pessoas:

Meu agente e amigo, Mark Reiter, por me ajudar a transformar minha história em um livro.

Meus amigos, meu esquadrão de apoio: Marnie Pillsbury, Wendy Foulke, Kirk Huffard, K. C. Hyland e Joan Ellis, por partilharem suas memórias; Mary Hilliard, por sua fabulosa fotografia.

Meus irmãos: Deb Beardsley, Buffy Havard, Josh Beardsley e Jim Beardsley, por seu apoio incondicional.

Minhas filhas: Lisa Alpaugh e Jenny Axelman, por permanecerem ao meu lado e aceitarem que esta era a história que eu precisava contar.

Colette Linnihan, por sua orientação e sua habilidade em me ajudar a compreender.

Jude Elliot Mead e Rebecca Busselle, por seu encorajamento desde cedo; e Linda Bird Francke, por seu tempo e sua contribuição.

Minha equipe na Random House: Susan Mercandetti, por dar um lar a este livro; Susan Kamil e Andy Ward, pelo mais intenso e atencioso escrutínio que as palavras de um autor jamais poderiam receber; e Ben Steinberg e Kaela Myers, por suas atitudes positivas e pronta atenção que nunca me faltaram.

Meu amado marido, Dick Alford, pelas intermináveis releituras, fazendo-me rir, acalmando meu pranto, e acolhendo-me de braços abertos incondicionalmente. Estou muito feliz por partilhar o resto da minha vida com você.

Este livro foi impresso na
LIS GRÁFICA E EDITORA LTDA.
Rua Felício Antônio Alves, 370 – Bonsucesso
CEP 07175-450 – Guarulhos – SP
Fone: (11) 3382-0777 – Fax: (11) 3382-0778
lisgrafica@lisgrafica.com.br – www.lisgrafica.com.br